先立后破

动力电池领跑全球的传奇与秘密

许晓明○著

团结出版社
UNITY PRESS

图书在版编目（CIP）数据

先立后破 : 动力电池领跑全球的传奇与秘密 / 许晓
明著 . -- 北京 : 团结出版社 , 2024.3
　　ISBN 978-7-5234-0743-1

　　Ⅰ . ①先… Ⅱ . ①许… Ⅲ . ①新能源—汽车—蓄电池
—工业企业管理—经验—中国 Ⅳ . ① F426.471

中国国家版本馆 CIP 数据核字 (2024) 第 017152 号

出　　版：团结出版社
　　　　　（北京市东城区东皇城根南街84号　邮编：100006）
电　　话：（010）65228880　65244790
网　　址：http://www.tjpress.com
E-mail：zb65244790@vip.163.com
经　　销：全国新华书店
印　　装：三河市华东印刷有限公司

开　　本：145mm×210mm　　32开
印　　张：7.5
字　　数：220千字
版　　次：2024年3月第1版
印　　次：2024年3月第1次印刷

书　　号：978-7-5234-0743-1
定　　价：59.00元

丛 书 序

为标杆企业立传塑魂

在我们一生中，总会遇到那么一个人，用自己的智慧之光、精神之光，点亮我们的人生之路。

我从事企业传记写作、出版15年，采访过几百位企业家，每次访谈我通常会问两个问题："你受谁的影响最大？哪本书令你受益匪浅？"

绝大多数企业家给出的答案，都是某个著名企业家或企业传记作品令他终身受益，改变命运。

商业改变世界，传记启迪人生。可以说，企业家都深受前辈企业家传记的影响，他们以偶像为标杆，完成自我认知、自我突破、自我进化，在对标中寻找坐标，在蜕变中加速成长。

人们常说，选择比努力更重要，而选择正确与否取决于认知。决定人生命运的关键选择就那么几次，大多数人不具备做出关键抉择的正确认知，然后要花很多年为当初的错误决定买单。对于创业者、管理者来说，阅读成功企业家传记是形成方法论、构建学习力、完成认知跃迁的最佳捷径，越早越好。

无论个人还是企业，不同的个体、组织有不同的基因和命运。对于个人来说，要有思想、灵魂，才能活得明白，获得成功。对于企业而言，要有愿景、使命、价值观，才能做大做强，基业长青。

世间万物，皆有"灵魂"。每个企业诞生时都有初心和梦想，但发展壮大以后就容易被忽视。

企业的灵魂人物是创始人，他给企业创造的最大财富是企业家精神。

管理的核心是管理愿景、使命、价值观，我们通常概括为企业文化。

有远见的企业家重视"灵魂"，其中效率最高、成本最低的方式是写作企业家传记和企业史。企业家传记可以重塑企业家精神，企业史可以提炼企业文化。以史为鉴，回顾和总结历史，是为了创造新的历史。

"立德、立功、立言"，这是儒家追求，也是人生大道。

在过去 10 余年间，我所创办的润商文化秉承"以史明道，以道润商"的使命，汇聚一大批专家学者、财经作家、媒体精英，专注于企业传记定制出版和传播服务，为标杆企业立传塑魂。我们为华润、招商局、通用技术、美的、阿里巴巴、用友、卓尔、光威等数十家著名企业提供企业史、企业家传记的创作与出版定制服务。我们还策划出版了全球商业史系列、世界财富家族系列、中国著名企业家传记系列等 100 多部具有影响力的图书作品，畅销中国（含港澳台地区）及日本、韩国等海外市场，堪称最了解中国本土企业实践和理论体系、精神文化的知识服务机构之一。

出于重塑企业家精神、构建商业文明的专业精神和时代使命，2019 年初，润商文化与团结出版社、曙光书阁强强联手，共同启动中国标杆企业和优秀企业家的学术研究和出版工程。三年来，为了持续打造高标准、高品质的精品图书，我们邀请业内知名财经作家组建创作团队，进行专题研究和写作，陆续出版了任正非、段永平、马云、雷军、董明珠、王兴、王卫、杜国楹等著名企业家的 20 多部传记、经管类图书，面世以后深受读者欢迎，一版再版。

今后，我们将继续推出一大批代表新技术、新产业、新业态和新模式的标杆企业的传记作品，通过对创业、发展与转型路径的叙述、梳理与总结，为读者拆解企业家的成事密码，提供精神养分与奋斗能量。当然，我们还会聚焦更多优秀企业家，为企业家立言，为企业立命，为中国商业立标杆。

一直以来，我们致力于为有思想的企业提升价值，为有价值的企业传播思想。作为中国商业观察者、记录者、传播者，我们将聚焦于更多标杆企业、行业龙头、区域领导品牌、高成长型创新公司等有价值的企业，重塑企业家精神，传播企业品牌价值，推动中国商业进步。

通过对标杆企业和优秀企业家的研究创作和出版工程，我们意在为更多企业家、创业者、管理者提供前行的智慧和力量，为读者在喧嚣浮华的时代打开一扇希望之窗：

在这个美好时代，每个人都可以通过奋斗和努力，成为想成为的那个自己。

企业史作家、企业家传记策划人、主编

陈润

推 荐 序

把成功与失败进行淋漓尽致的总结

在总结任正非成功经验的时候，人们发现了这四句话：行万里路，读万卷书，与万人谈，做一件事。所谓的"与万人谈"，就是任正非阅读大量世界上成功企业的发展历史的书籍。他一有机会就与这些公司的董事长、总经理当面进行交流请教，并把这些成功的经验用于华为的运营，这就使得华为也成为一个成功的企业。

在过去的十余年间，润商文化长期致力于系统研究中外成功的企业家，汇集了一大批专业人士创作关于成功企业家的传记——著名企业家传记丛书。这是一件非常有意义的事情，这让"与万人谈"成为一件很容易的事。同时，这使得大家都能够从中了解到——这些企业家为什么成功？自己能从中学到什么？

因此，我觉得润商文化的这项工作是功德无量的。这些成功的企业家，就是中国经济史上一个个值得称颂的榜样。

湖北省统计局原副局长

民进中央特约研究员

叶青

序　言

笑傲江湖：曾毓群的宁德和时代

　　汽车产业作为国民经济的支柱性产业，对国家发展的重要性不言而喻。过去，汽车市场被美英德法等工业强国所垄断，因此后起的中国难以入局。如今，随着低碳发展、全球减排成为共识，新能源汽车市场成为极具潜力的发展方向。国外巨头如宝马、沃尔沃等纷纷入局，国内比亚迪、吉利、长城等老牌车企也踊跃跟进，蔚来、理想、小鹏等造车新势力更如雨后春笋层出不穷，新能源汽车市场占有率已逼近全球汽车市场的三分之一。

　　而我国汽车制造业起步较晚，加之西方技术封锁，整车短时间内难以在国际上出彩。在重重封锁之下，中国企业想要在汽车领域弯道超车当剑走偏锋，作为新能源汽车的"心脏"——动力电池大有可为。彼时，动力电池行业以低成本产品为主，唯有宁德时代关注"客户体验"，强调"质量为王"，持续加大技术研发投入，并借助政策东风，实现快速发展。

　　在完善国内汽车产业链的同时，宁德时代逐步实现了国人在全球市场竞技领域"弯道超车"的梦想。它剑指全球，攻城略地，仅用数年，就打通了国际知识产权和产业标准认证的壁垒，破除了行业巨头垄断的局面，成为全球领先锂电池企业、全球动力电池龙头企业。作为核心带动者，宁德时代引领中国新能源汽车，连续8年销量居全球第一，一路向"绿"，"驶"向全球，提升了中国全球汽车市场上的话语权和主导权。

宁德时代的强势崛起已成为一种经济现象与商业话题：为什么会是宁德时代？为什么是一家寓居于宁德小城，发展史只有十余年的企业？

其实，这是历史的选择，也是发展的必然。

君子藏器于身，待时而动。宁德时代的兴起与其选定"三元锂赛道"，注重"技术引领，科技制胜"的路线有关。在众多动力电池企业还在满足于补贴，进行简单的电池重组之时，宁德时代就以"绿色清洁能源"为目标，投入大量人力、财力、物力建立21世纪实验室，进行别人看起来不甚重要的科技研发，这才有了三元锂电池、钠离子电池的转变，有了从麒麟电池、M3P到闪充的升级。

徇时者通，忤时者穷。时至而行，宁德时代紧贴"绿色环保"时代主旋律，秉持"能量因科技而自由，时代因绿色而美好"的发展理念，利用"三元锂电池"抢占先机，凭借"电池白名单"的政策红利快速发展，又在众人关注动力电芯的时候，率先开展储能领域研究，乘时代之帆，以技术壁垒为棋眼，把不可能变为可能，以"人无我有，人有我优"进一步提升市场占有率。

一个企业能走多远，取决于企业的目标和格局。宁德时代自成立之日起，就立志打造全球第一的新能源公司，发展过程中注重对标国际标准，善于守正出新，通过严规格、高水平地要求自己，强化资金链把控，在发展自身的同时，不断以自身技术助力绿色地球的实现！

宁德时代的成功离不开天时地利人和，也离不开创始人曾毓群。曾毓群初次进入大众视野，是因为美团创始人王兴讲的一个故事，他说他的老乡曾毓群在办公室内悬挂着"赌性更坚强"五个大字。由于其为人低调，平时大家都是只听其名不知其人，媒体上对他的相关报道也很少，只知道他是"宁德时代创始人"。随着宁德时代享誉全球，低调的曾毓群也渐渐走到台前，他的故事也渐渐被人知悉。

提起曾毓群，人们想到的就是他的"赌"性。曾毓群曾自诩"赌性坚强"。何为赌？赌，是疯狂，是孤注一掷，是拿着全部身家性命做一件事的气魄。"赌"不是目的，"赌赢"才是目标。可能有些人有"敢赌"的魄力，却没有"赌赢"的能力。纵观宁德时代的发展，不难看出顺风顺水正是因为曾毓群的步步为营，步步赌赢。为什么他能赌赢？曾毓群那句"赌不是体力活儿而是脑力活儿"给了我们答案。敢赌是魄力，赌赢是能力。一位曾毓群的亲友曾经表示：他敢于在一件事情只有70%的可能性的情况下投资，而剩下的30%的风险将在未来的实施过程中被精确控制，最终他只会承担大约10%的风险。这才是曾毓群敢于落子并且赢棋的关键。

除了敢赌，曾毓群还敢带头，肯承担。曾毓群敢带头，所以能扔下人人艳羡的国企铁饭碗南下东莞进入工厂，在发展稳固后引领一批宁德子弟在东莞闯荡；才能在众人都提议做"最热的磷酸铁锂"时确立"主攻三元锂"的战略，涉足众人认为是"尚未成为朝阳"的储能行业。曾毓群在创业之初就能立足三元锂电池领域，积极参与储能，自然能夺得先势，让企业处于行业前列！除了肯带头，他还肯满足客户的"高标准需求"，肯承担国内"碳踪迹研发"之重任，肯承担"电池护照"

协助推行之重任。

民无商不富，国无商不兴。曾毓群创立的宁德时代实现了汽车领域的"弯道超车"，和众多新能源品牌集体突围，在为10万国人提供工作岗位，为宁德乃至中国创造了大量财富的同时，也在全球展现了中国企业家的形象和中国企业的魅力。

宁德时代的传奇和曾毓群的"先预后立"，都在说明，没有一帆风顺的路，寒门子弟成功尤其困难。很多时候，你和其他人差的不只是资本，是投入学习和创业的时间精力，是视野眼界和决策能力。所以，能够在贫穷和困顿中闯出一条路来，他们的时间管理、眼界提升、自我突破，都是值得学习的地方。

目　录

第三章　组建新能源科技公司

第四章　创立宁德时代

第五章　宁德时代迎来高速发展

第九章　宁德时代迎来"战国时代"

附录

第一章

以梦为马，梦想只在更远方

    过去，曾毓群眼里只有书，只为考试而学习，在学习过程中也切实做到了"两耳不闻窗外事，一心只读圣贤书"。来到交大后，在学习知识的同时，他的眼界得到了开阔，见识到了不同人的不同生活方式，也开始逐渐思考自己未来要从事什么工作，想要成为什么人。

宁德少年初长成

在福建省东部有座小城——宁德市。宁德市南边是省会福州，北边是浙江温州，东边与宝岛台湾只隔着一道海峡。明清以来，宁德市即为海防前线、战略要地，而岚口村是宁德市下辖的一个小村庄。村子周围群山环绕、景色秀丽，有很多优美的自然景观。而更让人称奇的是，小小的岚口村后即为海拔 1048 米的凤凰山，毗邻东海明珠三都澳之滨，面朝东海，是真正的依山傍水，属于中国传统意义上的风水宝地。

宁德市自古以来地灵人杰，以曾姓和黄姓为主的宁德岚口村走出了不少风云人物。仅仅 20 世纪，小小的山村就孕育出了两位博士：一位是哲学大师，《宗教哲学》的作者，台湾大学、辅仁大学教授曾仰如先生；第二位就是曾毓群。

曾毓群生于 1968 年 3 月，彼时正值国内较为困难时期。自然灾害的影响还未完全消失，百姓普遍穷困，曾毓群家也不例外。但曾毓群的出生，正如同年我国自研、自建的高排水量、高载货量的远洋轮"东风"号一样，给曾毓群家带来了希望。

小时候的曾毓群和兄弟曾毓旭、曾毓东一起住在祖屋里，和众人一样吃着大锅饭。但与寻常顽皮小孩不同的是，曾毓群很聪明，也很爱观察。彼时，恰逢知识分子"上山下乡"时期，曾毓群也曾接触过这些人。这些知青每天也要挣工分，不过与村里人从地里回来就吃饭睡觉不一样，这些人一有空就帮人做事儿，比如理头发、修机器。而且知青们爱读书看报，爱听广播，有技术，能为老人治病，能够治好生病的牲畜，村里人也很尊重知青。这些所见所闻在一定程度上打开了曾毓群的视野，让他隐隐约约感受到技术的重要性。

受知青影响，村里的很多娃上了学。那时，曾毓群跟着父亲曾庆长在田地干农活儿，曾庆长问他："是想读书还是种地？"曾毓群选择了读书。曾庆长将曾毓群和曾毓旭、曾毓东送去了学校读书。穷人的孩子懂事早，曾毓群深知父母的不易，学习有股狠劲儿，加上为人聪明，他的学习成绩不错，通常都是班里前五名。

在学习上，曾毓群表现出了独特的思维。具体表现为，当时的考试，一般后面都有一两道附加题。这道题分值不算大，即便是不做也能拿满分。所以，大部分情况下，大家都会以确保满分为目的，不去做这道题。曾毓群却不一样，他是宁肯不做基础题也要做附加题，在他看来，只有挑战难题，去做别人做不了的事情，解决别人解决不了的困难，才更有价值和意义。

独特的思维，还体现在另一点，那就是重视英语的学习。和现在从小学开始学英语不同，那时，多数学生是从初中甚至高中才开始学英语的；很多英语老师也都是自学成才，再加上除了英语教材，很少有别的教辅材料。

而且，当时奉行的是"学好数理化，走遍天下都不怕"。对于英语这门外国语言，大家普遍感觉是新鲜有趣，但思想上不重视，即便是成绩中上等的学生也不例外。同时，由于不是数学语文这种考试课，教师的重视度也不是很足，这在一定程度上限制了大家的热情。所以，当新鲜劲儿过去后，很多人选择了放弃学习英语。

与其他人不同，曾毓群很重视也很乐意学习这门外国语言。不管出发点是因为优秀学生固有的求知若渴、严于律己的属性，还是因为看准了英语的重要作用，总之他选择了迎难而上，用心去学。一个单词一个单词地跟着老师学，一点点攻克词汇大山，借别人的录音机听"follow me"节目，反复听磁带来修正"哑巴英语"带来的发音不准问题。

有道是"只要有恒心，铁杵磨成针"，肯下苦功夫自然会取得好成绩。曾毓群在英语上的坚持，让他在英语方面表现很优秀，不仅成为班上的优等生，也为他后续的人生奠定了较好的语言基础。

实际上，随着改革开放的深入，国家对英语也愈发重视。1981年，国际性英语考试托福正式登陆中国内地；1983年，国家明确规定，初中升高中，一定要考英语；1984年，国家甚至发文将英语和语文、数学、生物、地理一道，正式列入高考统考科目。

曾毓群的英语成绩一直很优秀，这也让他迅速适应考试新要求，以全校第一的成绩考上了上海交通大学。而良好的英语沟通水平，也让他能够较为自如地与国际友人进行交流和阅读文献，提升技术。

曾毓群的英文名是Robin[1]，当时大家都知道ATL[2]有个Robin，英语很好，技术很厉害，为人敢拼，就像战场上的士兵一样，总能以"老子跟他拼了"这种舍命作战的精神，和所有竞争对手大干一场。

当然，这些都是后话。现实是，当时的曾毓群还只是一名学生，此时的他思考的是如何在学业上有所精进，以便进行深层次的学习。天道酬勤，1982年，成绩优异的曾毓群考上了当地有名的高中宁德一中。在这里，他和他一生最好的朋友，同时也是宁德时代创始人之一，前副董事长兼总裁黄世霖相遇。

---

[1] Robin，一种红腹鸟，也有"好名声"的意思。

[2] ALT，即Amperex Technology Ltd，新能源科技有限公司。

高考作文，画下了今后的事业草图

优秀的学校带给我们的不只是丰富的知识，还有人脉。在宁德一中，曾毓群遇到了黄世霖。黄世霖是曾毓群的同班同学，年龄比曾毓群小一岁，两人个性不同，相处却不错。

求学的日子总是很快，转眼到了 1985 年，17 岁的曾毓群和 16 岁的黄世霖和班内同学一道成为 176 万高考大军中的一员。与往届传统高考模式不同的是，"高考将采取标准化方式"的风声频传。

考试方式的不确定，无疑让即将应考的曾毓群和黄世霖略感不安。这种无法掌控的不安感是挑战也是磨炼。幸运的是，1985 年 1 月，距离他们高考还有 6 个月的时候，教育部传出消息：只有广东省考英语。这意味着，曾毓群和黄世霖等福建同学，参加的依旧是传统式的考试。两个人不知道是松了一口气还是更紧张，总之，1985 年 7 月 7 日，在这个美好的日子，两个人走上了考场。

语文只有几道论述题，其中最后一道是作文，主题是"环境污染"。相关资料显示，这道题讲的是：澄溪中学师生因附近的一家化工厂排污，导致身体受到了损害，学校也曾和工厂沟通，但是工厂没有给予实际性的解决。题目要求这些高考生以"澄溪中学学生会"的名义，给报社写一篇反映信。

事实上，曾毓群等人对这一问题并不陌生。毕竟，20 世纪 70 到 80 年代，英、美、日等发达国家连续发生各种污染事件，造成数万人死亡，环境问题已经成为世界性问题。中国也不例外，随着工业化进程的加快、化肥、农药用量激增，环境污染日益严重，几乎每两天就会发生一起与水污染有关的事故。而且，政治当时是统考科目，就在他们高考的前两年，也就是1983年，我国多了一项新国策，那就是环境保护。所以，对于这一内容，曾毓群等人很有可能进行过学习和思考。

但是，当时对于污染问题的解决思路主要是以减少排放，强化保护为主。但"无农不稳，无商不活，无工不富"，当时国家的工业基础本来就较为薄弱，如果只是一味地通过减少生产来减少排放，并不利于国家和社会发展。

我们不清楚当时的曾毓群做了怎样的分析和回答，也不清楚他能否另辟蹊径找到新的方式，让金山银山也变成绿水青山。

但是，许多年后，曾毓群带领着他的宁德时代给了我们一份现实的答卷。在这份答卷上，曾毓群提出了以动力电池代替燃油车，通过减少石油以及煤炭的消耗，来保护环境。众所周知，石油等对环境的危害极大。一方面，它能以挥发物形式产生化学烟雾损害人体健康，比如1952年因煤炭过度燃烧导致的伦敦化学烟雾事件，就导致4000人死亡。另一方面，它还会引起温室效应，对人类生存产生长期损害。同时，煤炭石油还会污染土壤，污染之后导致寸草不生。石油等还能污染地下水，导致鱼虾死亡，人类患癌。所以，以电能代替不可再生同时环境危害较大的燃油车、煤动力车，是曾毓群交出的第一份满分答卷。

另一份答卷就是绿色清洁能源推进，及为了实现双碳目标进行的碳排放相关研究。如曾毓群所言："应对气候变化是全人类共同的责任。"为此，曾毓群率领他的宁德时代进行了广泛研究，收购了邦普循环，以循环利用降低碳排放。其实，从工艺上来说，上游企业占据电池产品碳足迹主要部分。但宁德时代依然举起降碳大旗，扛起社会责任，投入一定的精力、物力来研究全生命周期降碳，为全球气候保护，做出了自己的贡献。现在看来，遇到这样一道高考题，固然是因为中国高考向来注重反映当前社会问题，但也不得不感叹这其中的缘分。虽然我们不清楚当时的曾毓群是否预料到自己的未来会与新能源事业挂钩，自己也将为能源清洁环保事业奋斗一生，但很明显，这道题肯定让他深深思索了很久。

可喜的是，曾毓群和黄世霖考得都不错，黄世霖被安徽工业大学半导体专业录取，而曾毓群以全校第一的高考成绩，考入上海交通大学，成为了船舶工程系的一名学生。

1985 年的上海交大，在工科院校的影响力排名全国第八，科技成果奖更是排名全国第二。彼时，原校长范绪箕刚刚卸任领导职务，开始了专业研究；而两弹元勋钱学森正式担任交通大学校友总会第一届名誉会长，多次盛赞交大不输麻省理工，交大教学水平在世界上也排得上名号，极大地鼓励了当时的交大学子。

尚在岚口村的曾毓群对这一切并不知晓，此时的他一边招呼着前来庆贺的亲戚，一边憧憬着即将到来的大学生活。

炎炎夏日一天天过去，金黄色的秋风开启了新的一季。曾毓群背着藤木箱子、拎着大包小包，带着乡亲们的祝福来到了上海。

乡村少年"变形记"

在那个包分配的时代，成为大学生就代表着捧上了国家的铁饭碗，其意义不言而喻。曾毓群不敢耽搁，在学校规定的报到时间内如约来到了远在千里之外的上海求学。从处处飘着黄鱼水稻香、距离市区两小时车程的岚口村，来到热闹繁华的大都市；从用方言讲述知识的老师身旁，来到专家教授云集的全国著名高等学府。这一切变化不可谓不大，这对曾毓群的成长产生了巨大的影响。

比如，在穿衣风格上，过去，曾毓群不太注重穿衣打扮，认为干净就行，整体风格难免有些寒酸感。来到交大后，看着校园里来来往往的同龄人穿着过膝风衣、围着粗线白围巾，再加上环境的同化，曾毓群的整体着装也有一定的变化，更加具有时代气息和书生风范。

随着在学校里认识的人越来越多，曾毓群的交流意识也渐渐增强。过去，曾毓群不是很喜欢展示自己，这也是为什么他和85届数学天才、红杉资本中国合伙人沈南鹏虽为同一届，但二人交流不多。然而，随着在校时间的延长，也许是无形中受到"天地交而万物通，上下交而志向通"校训的感召，曾毓群的兴趣广泛，涉猎领域颇多。既有中华传统文化，也有颇具西方风格特色的舞会。当时的舞会都在华师大举办，曾毓群也常常前去。在这一过程中，曾毓群和身边人有了更多的交流，也寻到一批知心好友。

生活是新鲜的，成长随处可见。初上大学时，曾毓群在学习上仍沿袭固有的学习模式，对老师的课堂教学亦步亦趋。后来，他渐渐发现，这里的老师不会规定学生每天的作业，也不要求大家必须背诵什么，而是鼓励大家自主选择自己感兴趣的课程和课题。这种自由的学术氛围，极大地改变了曾毓群过去等指令、等安排的思维，让他开始学做学习的主人，主动安排自己的学习课程，构建自己的学术体系，丰富学识。这种主动性思维在未来工作生活中给了他很大的帮助，比如，他总是能够先人一步去思考客户的需求点，从而能够以更加贴合需求的商品拿下客户。这种思维预示着一种自我建构的萌芽，让自己成为人生真正的主人，去真正规划自己的人生。同时也正是因为自我意识的较早觉醒，为曾毓群后续进行各种选择奠定了基础，比如，舍弃人人羡慕的铁饭碗南下广东工作等。可以说，自主意识点燃了他重建人生的意愿，让他跳出别人设置的条条框框，成为自己人生的主宰者。

主动作为，就能有所成就。在东莞新科工作期间，公司的客户IBM 要求新科停止使用"氟利昂"清洗剂，否则就会用特殊标签标记。虽然这项任务交给了其他部门，但曾毓群还是在工作之余，自发主动解决这一问题，并最终凭借技术帮公司摆脱了氟利昂带来的潜在经济损害。后来，曾毓群在上海交通大学建校 125 周年校友活动会上表示，交大氛围自由，让人感觉很好，每个学生都能根据自己的兴趣组合课程，让天赋得到更好的发挥，作为学生，他很感激母校的培育。

在这里，曾毓群进一步感受到大学非校园之大也，而是大师之大也。交大有很多学者大师，在他们的感召下，他的思考重点和方向有所改变。过去，曾毓群眼里只有书，只为考试而学习，在学习过程中也切实做到了"两耳不闻窗外事，一心只读圣贤书"。来到交大后，在学习知识的同时，他的眼界得到了开阔，见识到了不同人的不同生活方式，也开始逐渐思考自己未来要从事什么工作，想要成为什么人。

在这些人中，有两个人留给他的印象最为深刻。一个是交大的骄傲——"中国航空航天之父"钱学森先生。钱学森十分强调先进武器在与不同国家对抗时的重要作用。这让曾毓群等人忍不住思索："当下工业基础薄弱，科技被他国领先的我国，又该如何突围呢？"

"科学虽无国界，但科学家却有自己的祖国。"这是钱老的名言，也是无数交大人的心声。虽然是民营企业家，曾毓群还是经常从国家和全球层面思考问题。当年面对"中国能否研发导弹"的质疑，钱学森曾说："外国人能干的，我们为什么不能干？"四十多年后，面对能否解决全球知名研发机构贝尔实验室都无法解决的鼓包问题的质疑，曾毓群用自己的行动做了同样的回答："是啊，外国人能干的，我们为什么不能干？"

除了这一泰斗外，让曾毓群记忆深刻的还有一件事。那是1986年，当时身为大二生的曾毓群参加了一次校友会。大家都知道上海交通大学的实力是毋庸置疑的，校友和学长也颇有成绩，很多人在各个领域都有所建树。尤其是受邀演讲的学长，更是优秀。那些在自己专业领域侃侃而谈的校友，深深地震撼了曾毓群。或许，活出钱学森那样的人生，是我们普通人做不到的，那么就先成为行业里的一个精英吧。成为哪一行业的精英，固然有偶然的成分在。"精英要敢于承担起二十一世纪的挑战"，二十一世纪是科技的世纪，那么成为科技创新方面的人才或许是一条不错的路。

不得不提的是，进入大学，有更多时间思考事情的曾毓群，猛然间发现了人与人之间的殊途，这源于毕业后的聚会。曾毓群的同学中，既有考入合肥工业大学的同班同学黄世霖，也有进入职业院校的其他同学，更有辍学打工的人。不同的世界，不同的遭遇，不同的人生，却组成了一个时代的掠影。

"士不可以不弘毅，任重而道远"，一切虽未知，但有一点是可以肯定的，就像钱学森先生勉励级友说的那样："面对二十一世纪的挑战，还要尽力做出贡献。"

对曾毓群这些后辈而言，不是尽力做贡献，而是要抓住属于自己的黄金时代，拼尽全力有所作为。

　　四年大学时光，是一段认知和专业技术成长的重要时期，也是一段特殊的"闭关修炼"。在大学这一成长平台，曾毓群持续修身养性，在学术上格物致知，在思想上日渐成熟。潜心修炼内功和外功的他，在四年学业结束后，邂逅了一个全新的、更优秀的自己。

优秀者向更优秀者学习

与谁为伍，你就会成为谁。

每个人设定自己朋友圈的方式不一样，有人以家族关系为考量，有人以行业属性为坐标，有人以自己的好恶为标准……也有人喜欢向最优秀的人靠齐，曾毓群就是其中一个。从某种意义上来说，喜欢与优秀的人为伍，是曾毓群身上非常明显的特质。而这种特质也与一段见闻有关。

这个见闻就是"文革"语录清除行动。这一行动之所以轰动，是因为这件事情持续时间太长。而标语之所以迟迟得不到清除，是因为日晒导致墙面标语特别干硬，清除工人无法利用传统的高温水枪喷射、刷油漆等方法有效清除，以致200多个劳动日过去了，很多标语还是纹丝不动地"长"在那里。

曾毓群从朋友口中得知这一件事，也了解到最后采用化学溶解的方法解决了这一问题。这件事给了他很大启发，他忍不住想，如果自己没有来到上海，会听闻这个故事吗？与此相同的种种经历，进一步坚定了曾毓群想多学习世界上的前沿知识，多感受最现代化的技术，多与优秀的人为伍的决心。

与优秀的人为伍，这种想法，在前面所叙述的那次校友会上就很强烈。那些师哥师姐们，立足他们的专业领域谈经验、说看法，让曾毓群心中深感震撼。

这些师兄来自不同的行业，从事着不同的工作，却都能秉持着"敢为天下先"的精神，成为业界翘楚，立足岗位为国做贡献。

在为这些人鼓掌喝彩的同时，曾毓群进一步意识到圈子决定资源，圈子决定见识，圈子决定命运。这些人，这些故事，是面朝黄土背朝天的父亲永远讲不出来的，这些人也不是所有人都能遇到的。

"想要游得更快，就和鲨鱼一起游泳吧。""你常接触的 5 个人的平均值，就是你。"这些话都在说明，一个人长期和谁为伍，就会成为谁。如果接触的是优秀的、认知水平高的人，那么自身的认知能力也将不断提升，成为优于过去自己的存在。

交大属于国家重点大学，拥有钱学森等多名知名校友。1988 年，上海交通大学与其他两个单位联合研制的"胜利二号"，也就是供石油公司使用的钻井平台建成投产。这项技术取得了很多技术性的突破，获得了"1992 年全国十大科技成就奖"。

英国哲学家培根说："操纵时代演进，能够改善人类生活的，不是政治和宗教，也不是思想，而是技术上的发明创造。"

交大无疑是一个优秀人才集聚、科研实力雄厚的平台，曾毓群在这里成长了很多。可是他还有更大的梦想，那就是向技术领域专家靠拢，向前沿优秀者学习。只有这样，才会离优秀者更近，才能让自己成为走在时代前沿的人。

与优秀的人为伍，成为了曾毓群后期最大的人格特质。秉持着"优秀的人向更优秀的人学习"这一理念，毕业后的曾毓群来到磁盘行业全球第一的 TDK[1]工作，也曾多次出国考察学习先进的理论知识与实践经验。

此外，在 TDK，曾毓群还有幸与善于出谋划策的张毓捷及陈棠华等人长期共事，负责国际先进企业的产品设计。与优秀的人在一起，也

---

[1] TDK：一家总部位于日本的全球领先电子元器件公司，在全球三十多个国家拥有二百五十多个制造、研发和销售基地。

让曾毓群变得更加优秀。2011 年，曾毓群离开 TDK，联手黄世霖等人创立了宁德时代。在宁德时代创立之初，曾毓群就确立了成为动力电池行业世界第一的企业发展目标，积极与优秀的整车生产商确立合作关系。当时的车企巨头华晨宝马开始试水电动汽车，并为研发的第一辆混合电动车"之诺 1E"寻找电池供应商。为宝马提供电池，名头听着很响，但实际上这款车型只是宝马的试水产品，只租不卖，数量也不多，只有几百台。

其实大部分企业并不是很喜欢这种订单量，毕竟量比较小，但流程一点都不能缩减，在和对方工程师交接、组织人员研发、开辟生产线生产等方面投入的时间、人力、物力都比较大，但利润却比较低，是一个吃力不讨好的活儿。

然而，曾毓群不但接下了这份订单，还为了这几百辆实验品车，花更大的价钱、更多的时间建立了拥有 2000 个充放电测试通道、可同时测试一千多个电池的测试中心。按照规模，这个中心可以说是当时全亚洲最大的测试中心了。

许多人都认为曾毓群疯了，但曾毓群清楚，能够和优秀的人合作的机会不多，必须抓住，必须展示自己的诚意。而且，宁德时代本身就立志为全球优秀的整车生产商服务，即便此时只接到了宝马的少量订单，但后续绝对有可能接到奔驰、大众甚至特斯拉等知名车企的订单。

与优秀的人为伍，就能追上并超越优秀，曾毓群有的就是这个魄力和自信！

曾毓群的魄力和自信最终打动了宝马，并且获得了另一车型"5 系混动二代"项目电池的供应权，而且宝马还为宁德时代提供了很多动力电池相关文书，并安排宝马高级别的工程师常驻宁德两年。

后期，宁德时代还与苹果、宝马、奔驰、长安、大众、上汽、蔚来、特斯拉……国内外主流车企成为了朋友。

这是曾毓群向更优秀的人学习的故事。

师从令狐冲：亦正亦邪

20 世纪 80 年代末 90 年代初，社会上兴起了系列文化热，这其中影响最大的是"金庸热"。自金庸先生 1955 年以"金庸"为笔名创作武侠小说开始，到 1972 年封笔，创作了《书剑恩仇录》《鹿鼎记》等 14 部优秀武侠小说。这些小说在 70 年代末引发了"有华人的地方就有金庸武侠""人人读金庸"的盛况。

到了 80 年代，随着 1983 年亚洲电视台前身香港丽的电视台制作的《大侠霍元甲》引入大陆掀起观看热潮后，越来越多的港剧进入了大陆人的视野。其中，由金庸小说改编的 1982 年版的《白马啸西风》、1983 年版《射雕英雄传》都风靡一时，成为大家茶余饭后普遍热衷的话题。

正在读大学的曾毓群也很喜欢金庸所创造的武侠世界，是个不折不扣的"金庸迷"。他经常和好友探讨小说中的人物。但比起正气凛然、豪气万丈的乔峰，以及温厚敦实、"侠之大者为国为民"的郭靖，他更喜欢的是外圆内方的性情中人令狐冲。

这一点，宁德时代内部人士曾透露，曾毓群不是很喜欢乔峰，总觉得乔帮主太过正气了，常常处于霸气外漏的状态。同样，他对张无忌和郭靖也不是很欣赏，他最喜欢的是令狐冲。人的性格有方圆，方是性格之边缘，圆是人性之智慧。

性格方正，爱憎分明，让人形象突出，但性格若太过方正，如乔峰之辈，方到几乎固化的模式，就难免被人所乘，最终难以善终。相反，如果像令狐冲一样，外圆内方，在圆滑的智慧中坚守着正直的操守，在坚持中又有些趣味，人生才有意思。曾毓群就是一个像令狐冲一样外圆内方的人。

那时，有人将"赌性坚强"四个字作为生日礼物送给了张毓捷，曾毓群看到后也心生欢喜，伸手向张毓捷讨要。张毓捷以"朋友送的生日礼物"为由，没有给曾毓群。后来，在张毓捷不在办公室的时候，曾毓群就把这幅字画搬走了，还光明正大地挂在了自己的办公室里。

张毓捷哭笑不得，多次索要无果，最后只好妥协，请别人为曾毓群写了"赌性更坚强"五个字送给曾毓群，这件事情才算了结。事实上，曾毓群对"赌性更坚强"五个字十分喜欢，在自己的办公室挂了许久。

想想，如果曾毓群成为乔峰那样的人，别人允许的就去做，别人不允许的就不涉足，虽然很光明，但似乎少了点趣味。人与人的相处，还是多点趣味才值得玩味。

与令狐冲一样都是性情中人，曾毓群勇于打破常规。熟悉曾毓群的人都知道，他喜欢不走寻常路。这里的"不走寻常路"，可不是靠着怪异的举动引人注目，而是在坚定自己的目标和想法的基础上，打破常规勇敢拼搏。

在宁德时代创立之初，曾毓群和好友黄世霖曾经就主要产品研发展开了探讨。当时，黄世霖等人主张做市场主流产品，那就是连行业老大比亚迪都在做的"磷酸铁锂"电池。但曾毓群认为："不如干票大的。"他最终说服黄世霖等人，让宁德时代开始研发三元锂电池。宁德时代凭借这一技术弯道超车，逐渐占据行业龙头老大的位置。

不走寻常路还有一点，那就是针对别人看来没有利润的小订单，曾毓群一样很重视和珍惜。2020年，几乎所有人都以为三元锂已经兴起，磷酸铁锂已经没落的时候，曾毓群却从中看到了磷酸铁锂的大有可为。

还有一点，不走寻常路并不代表曾毓群爱走偏锋。事实上，他是一个踏实稳重的执行者和仍处于进化阶段的创造者。

心理学家认为，一个人总是更欣赏与自己性格相似或者相反的人。令狐冲和曾毓群属于性格相似的人——一个是生活上自由不羁却有着自己的坚持，尊重人性却不想做老好人，而是以直抱怨、以德报德；一个是事业上看似选择了最不舒服的路，却有着自己的目标，甚至为了实现目标而拼尽全力突破各种束缚，并因此走了很多不寻常的路。比如，曾毓群抛却人人羡慕的铁饭碗进入"工厂"；不走成熟的商路，而是披荆斩棘，在国际难题上探索；不爱高调宣传，鲜少接受媒体采访；等等。

当然，这些都是后话，现实是，在这个时间段，曾毓群在本身专业探索攻克船舶机械原理的同时，也在涉猎武侠和文艺。从某种意义上说，就像某个人主宰了我们的青春一样，曾毓群的大学生涯里，也被令狐冲所影响，就像曾经的你我一样。然而，人人都有偶像，却不是人人都能活成偶像。为什么我们成为了平庸的人？大概是因为，在一次次选择中，我们选择了最安全的路，自然迎来的也是平庸的人生。

曾毓群却不一样，在面临选择时，他没有选择舒适和安稳，而是选择了奋斗和拼搏；在短期巨额利益和自力更生、持续奋斗的抉择中，他选择了后者。种瓜得瓜，种豆得豆，曾毓群做出了不一样的选择，投入了不一样的努力，自然赢来了相应的丰收。

人生第一次搏：扔掉铁饭碗

提起福建人，就不得不提那句"爱拼才会赢"。福建人爱拼、敢拼的性格深入人心。但在祖籍福建宁德曾毓群的办公室里，悬挂的不是这句经典名言，而是一句"赌性更坚强"。

没有挂"爱拼才会赢"，想想后也能理解；可是为什么不是"赌性坚强"，而是"赌性更坚强"？对此，曾毓群曾和一位投资者解释说，"爱拼才会赢"没有错，但是在商场上，单纯靠拼搏是不足以成事的，毕竟拼属于体力活。相反，赌，属于脑力活。至于为什么是"赌性更坚强"，我们后续再聊。

熟悉曾毓群的人都知道，曾毓群"爱赌"。事实上，2017 年，曾毓群在主题为"台风走了，猪的下场会是怎样"的内部邮件里曾鼓励员工："以'老子跟他拼了'的精神撸起袖子大干一场。"这里"老子跟他拼了"就是赌，赢了，将会有大收获；输了，命可能就没有了。

这考验的就是魄力，当然很多人不愿意赌，曾毓群却敢于下注。因为对曾毓群来说，"赌"不是急于求成的盲目试探，而是面对时代机遇的激流勇进。

1989 年，曾毓群从上海交通大学毕业，来到了自己的分配单位，一家位于福建省会福州的国有企业。要知道，当时社会上最香的就是吃公家饭，曾毓群能够分配到这样好的工作，这在当时的人们看来，无疑是拿到了一个旱涝保收甚至能传给下一代的"铁饭碗"。

但在国企工作三个月之后，曾毓群做出了让身边所有人都不太理解的决定：辞职南下。而且他辞职后的去向并不是当时流行的下海经商，而是进厂打工，这在当时无疑是一场豪赌。相比于国企的稳定安逸，成为一个随处可见的打工仔无疑是下下策，在外人看来，这完全是"傻子"才走的路，并且曾毓群的打工去处并不是当时改革开放的前沿广州，而是广州附近一座名不见经传的小城——东莞。

这是曾毓群人生的第一次豪赌，赌注是他这位 1989 年大学毕业足以称之为天之骄子的年轻人的前途，而赌桌上，只有他一个人。前路茫茫，在绿皮火车的汽笛声中，他独自一人离开了家乡，来到了广州，来到了东莞。

20 世纪 70 年代末，日本、韩国等国家人力费用及土地资金日益升高，不得不进行产业梯度转移，将一些低科技、高劳动力的密集型产业转移到邻近国家。

东莞距离中国香港很近，再加上身为开展对外加工装配业务的先行试点县，自然也成为企业家们进行产业转移的考虑地点。港商张子弥先生，就在 1978 年与东莞县的一家服装厂进行了合作。以"我出资，你出人"的方式创建了太平手袋厂。后来渐渐形成了"三来一补"的贸易模式，越来越多的中国台湾、日本的加工制造公司在东莞落户。

在这些如春笋般出现的工厂中，有一家名叫东莞新科磁电厂。这座工厂名气不小，是东京电气化学工业株式会社（Tokyo Denkikagaku Kogyo K.K）旗下的工厂，而东京电气化学株式会社则是全球电脑硬盘磁头霸主。全球若卖出 10 个磁头硬盘，7 个就出自这家公司，年营收更是高达 10 亿美元。但因为在当时，同时兴建的工厂实在太多，人们在一片相似的土木砖石机器轰鸣声中，只能从工厂门口的立牌，了解眼前究竟是一座什么工厂。

1989 年的一天，东莞新科磁电厂的技术员曾毓群，第一次接触到了电池生产线。

中国有个成语叫作"囊里盛锥"，也有句俗语"是金子总会发光"，只要你够优秀，就能够显露头角。

由于态度上进，加上能力突出，陈棠华很快注意到曾毓群，也给了曾毓群一些机会。在新科电子厂工作 2 年后，曾毓群觉得这份工作还不错，回家的时候如实地反馈给了自己的老乡。很多老乡随他来到了东莞，其中也包括宁德一中同学、辞去公职的黄世霖。

"喜欢公司""积极工作""为公司带来人力资源"的员工没有人不喜欢，更何况陈棠华也很欣赏曾毓群。加上公司业务发展，岗位需要，曾毓群也渐渐地从最开始的技术员成为了中层管理者。

不过，就像其他外资企业一样，TDK 的管理者是日本人，大陆人在这里话语权不高，发展空间也是相对有限。加上人往高处走，曾毓群也很想实现职业上的新提升。这个时候也有很多猎头挖他，不过他也清楚有些价值是 TDK，也就是自己所在岗位赋予的，因此，他未能做出决定。而梁少康看中了电池行业，曾向 TDK 进行了相关项目开展汇报，但没有得到肯定。梁少康始终觉得手机这么受欢迎，其他电子产品也不例外，最终这些电子产品会成为巨大的市场，那相对应的电池厂商的潜力是很大的。所以梁少康决定要创业，他看上了曾毓群的技术，想让他和自己一起创业。

创业九死一生，加上其他原因，曾毓群有些犹豫。梁少康说动了曾毓群的老领导陈棠华，让他做曾毓群的思想工作。同样的话，不同的人说有不同的效果，这次曾毓群点头了，三个人以壮士断腕的决心，抛下已经稳定的管理岗位，决定"赌上一把"。

于是 TDK 常务理事陈棠华、TDK（中国）投资有限公司董事长梁少康、TDK 大陆总监曾毓群相继丢掉令人艳羡的管理岗位，开始九死一生的创业。

多年后，提及这段经历，曾毓群说"那时完全是一种冲动"。扔掉国企铁饭碗，成为一名打工人，是曾毓群事业生涯中第一次与命运对赌。和梁少康等人共同创业是他第二次赌，而他的筹码就是自己的眼力和判断力，以及对前途命运的预见性。实际上，没有持续好运的人，那些常胜冠军固然有运气的加持，但更多是靠他们对社会现实和未来发展形势缜密的思索判断、耐心而细致的准备、周密的计划和积极的心态。

曾毓群从不妄想靠运气获得胜利或者财势等，而是从自己的专业知识出发，凭借自己对未来需求的敏锐"嗅觉"，寻找到一流公司，接触到世界上最先进和最前沿的生产技术，进而塑造出自身一流的能力，增长一流的见识，用心和集中全力去发展自我，真正成为时代的弄潮儿和技术领域的领先者。

第二章

科技精英出身的高级打工人

有些相遇命中注定，曾毓群和 ATL 亦是如此。在这里接受培训一段时间后，曾毓群发现，来到东莞新科，自己接触到的不只是全球尖端领域，学到的不只有一流的生产技术，看到的不只是国际化视野，还明白了一条规律："成为新兴领域和朝阳行业的担桩人"。

电子产品弄潮儿

风云际会英雄地，改革前沿弄潮儿。初来东莞，曾毓群第一感受是这里没有上海和福州繁华，第二感受则是看似杂乱的环境下蕴藏着蓬勃的发展潜力。

实际上，20世纪90年代的东莞令全国瞩目。众所周知，各类工业在我国港台地区及国外发达地区发育比较成熟，到了90年代，由于土地资源及人员薪资等因素，这些技术发达的地方选择了产业转移。当时，我国通过改革开放政策提供了诸多便利，让国内部分城市成为接受这些发达产业的首选，东莞就是其一。

东莞天然具有靠近港澳的地缘优势，加之1985年由县升级为地级市，政策方面更具优势，使得加工和制造业成长十分迅速。在国家"三来一补"[1]等改革开放政策的支持下，20世纪90年代初，东莞已有近三千家来自港台的"三来一补"企业，投资领域包括电子、五金和服装等，尤其以电子产业为主，几乎全球电子链条都通过分包合同的形式聚集到东莞。东莞一时被称为"世界工厂"，IBM中国区总裁也说"东莞堵车，世界停滞"。

根据东莞市政府工作报告，在1996—2002年间，东莞出口总值连

---

[1] "三来一补"："来料加工""来件装配""来样加工"和"补偿贸易"。

续 7 次位居全国城市第三，仅次于深圳和上海。随之而来的是人口数量剧增，1987 年至 2000 年，东莞人口由 74 万人增加到 570 万人；2000 年到 2010 年，东莞常住人口年均增速为 2.5%。其中，人口增加主要源于外来人口的增多，在当地有"四个在东莞的人里，有三个是外地人"的说法。

企业带来了劳动力的增加，人口红利又推动了城市的发展。城市的发展创造了科技兴起的机遇，对人才的需求也日益增加。

此时的曾毓群只有一个想法，那就是在一流的公司，学一流的技术。自然而然，东莞新科磁电厂就成了他的重点关注对象。

东莞新科磁电厂是香港新科实业有限公司（SAE MagneticsH.K），（下文简称 SAE）的子公司。香港新科实业有限公司成立于 1980 年，总部设在香港，是一家为三星、东芝、日立、西部数据等知名品牌供货的电脑硬盘磁头制造商。它在 1986 年成为日本 TDK 集团下属全资独立运作子公司后，也乘政策东风加入"三来一补"的军营，并于 1989 年在东莞开设了子公司，即曾毓群工作的东莞新科磁电公司。

由香港人创立，又是日企的分公司，形成了东莞新科特殊的生态环境。

从工作语言上来说，英语是 TDK 管理部门交流的官方语言，包括文字材料、内置工程资料、邮件系统等，所以对工程师的英语水平有一定的要求，在这一方面，曾毓群是有优势的。

从工作氛围来看，日企 TDK 集团讲究"以科技改变生活"，注重"以人为本"；SAE 也重视人才引进，从中国台湾、美国硅谷等地聘用顶尖技术人才，曾毓群的直属领导和职业首席伯乐陈棠华博士就是其中一位，他同时也是中国锂电行业绕不开的人物。

陈棠华博士出生于 1944 年，美国加州伯克莱大学物理化学博士，擅长开发磁盘片用的磁性材料。陈棠华曾在 IBM 和硅谷就职，后加入日企 TDK 旗下的香港新科，回归华人圈。除了陈棠华外，管理层中还有很多海外工程师和资深专家，以中国香港和日本人为主。其他和曾毓群一样的工程师级别的员工，也是高学历人员，很多都是重点大学毕业，都是高素质、有理想和追求的人，也是值得学习的人。

从管理层布局来看。不同部门的领导人籍贯有所不同，但多数是日本人，从总监到高级经理全是日本人，只有几个高层是中国香港人和中国台湾人，话语权不大。作为内地人，自然更没有话语权，这是基本的现实。

但曾毓群来到这里有一个优势，那就是他是成立于 1989 年的东莞新科磁电厂的元老级员工。

有些相遇命中注定，曾毓群和 ATL 亦是如此。在这里接受培训一段时间后，曾毓群发现，来到东莞新科，自己接触到的不只是全球尖端领域，学到的不只有一流的生产技术，看到的不只是国际化视野，还明白了一条规律："成为新兴领域和朝阳行业的担桩人。"

SAE 属于硬盘磁头生产行业，硬盘磁头在当时虽不是主流独立行业，但它所服务的企业都是富士通、日立、三星、东芝、西部数据等知名品牌。SAE 之所以能够发展得那么快，靠的不是单打独斗，而是抓住潮流大势，依附于电脑等兴起的领域和行业。

这让曾毓群意识到，任何一个最终能够走出国门、影响全球的品牌，依靠的都不是单纯的情感维系，或者单纯的人口或文化红利，而是一个完整而强大、由技术支撑的高性价比产业链。

搞科技：板凳一坐十年冷

曾毓群在 SAE 的岗位是工程技术员，主要工作内容是参与生产硬盘磁头。硬盘磁头是硬盘的一部分，也是重要的构成元件，在一定程度上决定着硬盘的质量。硬盘在当时还属于新生事物，世界上第一块商用硬盘是 IBM 公司在 1956 年推出的"蓝色巨人"。

初代商用硬盘的体积很大，长 1.5 米、高 1.7 米，存储容量只有5MB。也就是说，它所能储存的知识并不比同体积书籍能够储存的知识多。但作为一种新型的储存方式，硬盘磁头还是受到了大家的追捧。实验室的科学家也持续攻关，通过增加高密度碟片、增加磁头灵敏度方式提升硬盘存储容量。但受制于磁头的灵敏度，硬盘容量突破力度一直不大。

直到 1980 年，硬盘的鼻祖"蓝色巨人"IBM 公司发明了磁阻磁头，增加了磁头的灵敏性，也让硬盘容量实现了大幅度上升，直接将存储密度从 MB 提升到 GB 级别。当时，全球普遍存在欧美研发、日韩生产的趋势，所以这一技术在日韩等国家发展壮大。

作为日资企业，曾毓群所在的 SAE 就以生产改良的高灵敏性磁头为主。在曾毓群加入公司的 1989 年，SAE 已经成为了全球最大的独立读写磁头供应商，为日立、东芝、西部数据等全球知名硬盘生产商供货。

正因为这是一家国际化的日资企业，所以在人员培训及启用方面有较为严格的流程。曾毓群入职第一年，以学习和适应为主，那时公司的入职培训、海外培训等已经体系化，为他迅速学习岗位专业知识提供了便利。再加上陈棠华博士乐于提携新人，也教给了曾毓群不少知识。

不过，对于这位新员工，起初部分人是持观望态度的，毕竟此人看起来不似按部就班之人，再加上学历较高，让人很难相信他能够长期在此停留。

但出乎众人意料的是，这个年轻人三个月了也没有走，一直到一年、两年……曾毓群用行动证实了他是一个认准了就会矢志不移坚持下去的人。更让人诧异的是，非但曾毓群自己没走，他还为公司引入了不少青年才俊。比如，邀请自己的高中同学黄世霖加入，此人后来成为了 SAE 技术骨干；邀请自己上海交大的同学吴凯加入，此人后来成为了东莞新科磁电厂研发经理。除了这些人，还有宁德市岚口村周围的兄弟们。当时，SAE 的二十几号宁德人，都是在曾毓群的号召下来到东莞的。

曾毓群的行动让陈棠华等人看到了他的诚意，把他作为重点培育对象，让他做了车间组长。曾毓群抓住成长机会，用人生不多的十年，把自己从电脑硬盘磁头技术的门外汉，变成了对整个生产链有精确认知的有效把控者。具体而言，他在技术成长方面经历了三个关卡。

第一关：从外到内，成为业内人。曾毓群大学专业是海洋与船舶制造，与所从事的硬盘磁头技术工作专业性关联不大。因此，从专业性来看，他的技术起步略晚于同期之人。但业精于勤，有志之人不惧时晚，勤字当头也能后发先至。加入东莞新科磁电厂后，曾毓群秉持学习的心态，向书本学、向他人学、向产品学，埋头苦干、专心钻研电脑硬盘磁头生产。最开始只是熟悉各项流程及要求，后来让自己生产的各项产品都能符合相应的要求，甚至可以带领新人。从门外到门内，唯一的通关密码就是勤学苦练。

第二关：行成于思，技精至理通。相信大家都熟悉格拉德威尔"一万小时定律"，事实上确实如此，熟能生巧，所有的天才皆来源于一次又一次不懈的努力。从某种层面上来看，经过一万小时的锤炼，是让我们从门外汉，成为专业大师的必要条件。一万小时，按每年 8 小时工作 300 天来算，大概是四年多的时间。只要有心在技术上追求，多数人都会成为这方面的专家。曾毓群也不例外，入职三五年后，他开始尝试发现和解决问题。查询某些问题发生的原因，采用什么工具和方法调试……当然，这依赖于自己对磁头原理的掌握和理解。学习是突破技术困境、学到原理、让自己增值的重要方法。为此，曾毓群报考了华南理工大学电子与信息工程系，并于 1997 年取得该专业硕士学位。这期间，他排查问题的能力大大提升，帮助团队成员处理了很多故障和问题，而且在磁头生产质量方面也有了一定的追求。

第三关：融会贯通，做拔尖人才。时光不负有心人，星光不负赶路人。在这一时期，拼的不只是勤奋，还有天分。入职七八年后，除了技术上继续精益求精外，也要注重资源整合，学会找资源、创造资源，更全面地从成本、技术与材料创新等方面考虑公司技术层面的问题。

1997 年，是香港回到祖国怀抱的一年，也是曾毓群入职新科的第 8 个年头。这一年，IBM 利用巨磁阻技术，将硬盘存储容量提升到 10GB 级别。十年间，硬盘存储容量提升了一个量级，曾毓群的技术能力也呈现几何式增长，成为了公司的中流砥柱。

这个世界，没有什么躺赢，只有不懈拼搏。事实上，胜者通常，功成为胜。而任何成就都不是一朝一夕得来的，而是经年的积累，经时间的发酵而形成的最好结果。正所谓"不抢十年铁锤，成不了好铁匠；不拉十年锯子，当不了好木匠"。只有在无人鼓掌下奋战，咽得下无人关注的苦，忍得住独行路途上的寂寞与冷清，抵得住纷杂红尘的欲望与诱惑，坐足冷板凳，攒够基本功，才能取得成功。事实上，中国短时间内能够赶超欧美等发达国家，就是这批甘坐冷板凳的技术人所成就的。

来自上司的赏识

20世纪80年代末90年代初，蓬勃发展的中国经济暴露出一些问题，社会上有否定改革开放的声音出现，深圳、珠海等经济特区的发展受到一定影响。

为了稳定发展基调，1992年1月份，改革开放的总设计师邓小平不顾87岁高龄，利用数周时间先后赴湖北武昌、广东深圳、广东珠海、上海四地视察。

在视察过程中，邓小平就当前形势，提出"广东要在改革开放当中起到龙头带动作用"，主张做事要大胆，只要看准了，就要放胆去做。同时破除思想上产生的各种牢笼，切切实实地以"领先者"为师，而不管这个领先者是不是我国的朋友。这些理论形成了历史上有名的南方谈讲话。

南方谈话是中国历史上重要的一笔，再次掀开改革开放风潮，也让大批社会精英知识分子进行创业，涌现了以陈东升、郭凡生、易小迪、潘石屹为代表的"92派"企业家。

可以看出，相较于"92派"，曾毓群踏入商海的时间更早。同时，"千里马常有而伯乐不常有"，一句话道尽了"贵人"的重要性。社会发展是如此，人的成长亦是如此。此时，在工作中，曾毓群也遇到了自己生命中的高人和贵人。

曾毓群生命中第一个不得不提的贵人就是陈棠华（1944—2010）博

士。陈棠华博士家学深厚，祖父陈赞贤是全国早期工人运动先驱，中共赣州组织创建人。陈棠华 1949 年随父入台，1961 年以优异的成绩进入台湾大学化学系深造，后又进入亚利桑那大学深造。陈棠华彼时成绩优异，极富潜能，因此亚利桑那大学的教授为他开出全额奖学金读博的好条件。但陈棠华认为，"这是一条容易的路，我倾向于挑战更艰难的路"，于是他选择了考取加州大学伯克利分校的博士，5 年后进入 IBM 工作。拥有化学、物理知识背景的陈棠华，擅长开发磁盘片用的磁性材料；IBM、硅谷的就职经历，又赋予他明晰的产业认知。陈棠华是 TDK 自 1935 年成立公司以来，第一个同时也是绝无仅有的一个非日本籍常务执行理事。后来，陈棠华也成为曾毓群在东莞新科电磁厂的直接领导。

曾毓群为人主动，积极担责，乐于钻研技术，懂人情而不世故，能够正确处理个人和他人的关系，给陈棠华留下了深刻的印象。在接触过程中，曾毓群出色的专业技能、优秀的沟通能力以及机敏务实的干事精神，打动了陈棠华，他决定重点培育这个年轻人。

因此，在工作期间，陈棠华多次以"公派"的方式让曾毓群去国外考察、增长见识。就是在一次次国外考察过程中，曾毓群接触到了当时全球领先的电池生产技术，为后期自己从事锂电池生产打下了坚实的基础。

除此之外，1999 年，陈棠华将曾毓群真正带入了电池生产领域，合创了香港新能源有限公司。而陈棠华"同事就是家人，给同事的年终奖能够在东莞买一套房"的惜才爱才理念，也深深影响了曾毓群。可以说，陈棠华是曾毓群职业道路上真正的领路人，曾毓群是他一手带出来的弟子。

在 N-ATL 刚刚运行期间，曾经发生了一件事情，因为产品质量出现了瑕疵，客户有些不愉快。曾毓群解决无果后，不得不向陈棠华汇报：可能公司近期要面临大额的索赔。

陈棠华拿出一张人物图，说："往事不咎。"他通过对人物面部进行拆解，给曾毓群表演了一个大变活人，从一个老妪变成了少女。通过这个动作，他告诉曾毓群，经验远比抱怨重要，从失败中汲取经验，把伤疤变成自己身体最硬的地方，才能避免今后更大的失误。从这一角度来看，这次索赔也许不全是坏事情。

陈棠华和曾毓群不仅在工作上配合良好，私下两个人也建立了深厚的情谊。在 2010 年陈棠华博士离世时，曾毓群抛下一身琐事，飞往国外参加恩师葬礼，并敬献玫瑰，为人生导师送别。

除陈棠华外，曾毓群的第二个贵人是香港新科实业公司 CEO 梁少康。曾毓群凭借十年如一日地坚守岗位、忠诚工作、敢闯敢做的勇气，以及出色的技术实力和优秀的行业趋势预判能力，引起了香港新科实业公司总裁梁少康的注意。

梁少康，香港大学工业工程硕士，毕业后加盟香港新科实业公司，是新科实业有限公司的联合创立人，1999 年晋升为 SAE 总裁。梁少康眼光独特，以善用合并收购策略名声在外。

梁少康对曾毓群的帮助在于择路。彼时，曾毓群准备在职业经理人这条道路上发展，梁少康却需要这位技术骨干加入充电电池创业事业，并在陈棠华的帮助下，最终让曾毓群成为了创业人。

曾毓群职业上的第三个贵人就是张毓捷（1943—2022）。张毓捷祖籍山东泰安，1949 年随父母入台，22 岁时从中国台湾知名学府——台湾大学电机系毕业，后又前往美国留学，获得了美国圣母大学博士学位。学业完成后，张毓捷曾在福特、IBM 等国际知名公司担任研发和管理岗位，具有很丰富的行业经验。1994 年前后，张毓捷先进入 SAE，最后一起创业成立 ATL。

用科技打败美国，是张毓捷的梦想，他甚至认为只要中国人肯努力，只需 10 年，就能在科技创新和知识产权方面赶超美国，有所作为。曾毓群也曾反问："我们中国人为什么不能做到世界第一？"信念的同频共振，让二人惺惺相惜、携手共创。

作为曾毓群的商界导师，张毓捷对他帮助很多，尤其在一些重要事情的推进上，张毓捷起到了关键作用。比如，2010 年，ATL 准备二度创业。当时，他们在全国范围内遴选生产基地。比较热门的选项有陈棠华的故乡江西，以及曾毓群的故乡宁德。具体落址何处，一直悬而未决。在两方不相上下的时刻，张毓捷选择了支持曾毓群，利用自己在 TDK 的影响力，积极说服其他人员。在张毓捷的力促下，生产基地最终落地宁德。

还有一件事，是宁德时代的成立。当时动力电池方兴未艾，曾毓群准备介入，总部考虑到跨国企业的诸多因素，选择不支持。这时，张毓捷却采用将 ATL 动力电池研发部独立的方法解决了这一问题。这才有了后续的宁德时代。正是基于此，张毓捷成为了宁德时代的荣誉董事。

世界首富比尔·盖茨曾说："永远不要靠自己一个人用百分之百的力量换取成功，最好可以靠一百个人各出百分之一的力量换取成功。"世界人际关系专家卡内基也曾说："85% 的人脉 +15% 的专业知识，就有可能获得成功。"法国还有这样一句俗话："没有任何一个有钱人，可以伟大到不需要朋友。"人脉是成功的重要因素，曾毓群就是结识了一批志同道合的朋友，从而踏上了成功之路。

第一位大陆总监

1999 年是不平凡的一年。12 月 12 日，葡萄牙第 127 任澳督离任，澳门正式回归祖国怀抱；当年，国企改革全面铺开，国企焕发了新的生机。

1999 年，坚信"Google 中国只是百度发展道路上一处风景"的李彦宏在北京创办了百度；马云则重燃互联网创业之梦，从国企辞职创立了阿里巴巴网站；王传福的比亚迪与东芝、三洋、松下等知名电池大佬的交战处于胶着状态；南孚电池邀请到"世界足球小姐"孙雯做代言人，进入发展快车道；曾毓群也迎来了自己事业上的高峰期。

1999 年，正是 SAE 的高光时刻，东莞的两个厂内有几万员工，各种订单供不应求，韩国知名品牌三星甚至在东莞厚街包了一层五星级酒店来催货。考虑到发展需求，会出现一个工程总监的空位，全才谁赢得了这一职位，自然是具有"赢"的特质的曾毓群。

关于曾毓群所具有的"赢"的特质，可以从与他接触过的人的评价中窥见一斑。一位曾经采访过曾毓群的记者评价他是"低调、踏实、诚恳、有亲和力"；另一位访问者则肯定了他的"朴素、谦逊、机敏"；美团创始人王兴认为他"赌性坚强"……或许这些都是赢的特质，但在众多特质中有两点更为突出。

第一个就是"技术为王"。在成为"宁王"之前，或者说在成为东莞新科磁电厂的工程总监之前，曾毓群首先是一位有技术信仰的理工技术专家。因为有此信仰，才能在实验室连续埋头钻研多日、不眠不休；才敢于挑战当时权威人士都不能解决的技术难题。

职业生涯前 10 年，曾毓群一直负责生产和技术研发，这让他愈发意识到技术的重要性。硬盘磁头生产属于典型的技术密集型的行业，在这里没有技术就没有发言权。想要获得持续发展，就必须在技术方面有所创新，毕竟没有材料体系的创新，没有结构体系的创新，就没有产品性能的升级，也就不会有竞争力。

正是对技术的执着，让曾毓群在东莞新科磁电厂工作阶段解决了当时磁头磁盘运转过程中的难题，也让他在 ATL 初创业时解决了电池鼓包的难题，赢得生存机会。技术带给曾毓群的好处不止如此，长期浸淫在技术领域，让他对行业有了更清晰的认知，能从纷杂的萌芽状态，看出行业未来发展的趋势，真正赌赢。因此在与沈南鹏对话时，他才会说："我们不应该丢掉自己的专业，专业能够让我们更好地判断，更好地投资。"

重视技术、享受到技术带来的优势，曾毓群自然会更加重视技术，注重专利的保密工作。目前，宁德时代已经将约半数的电池生产领域研究者纳入自己的麾下。

第二点就是"利他思维"，这里的"利他"与佛家的不同，是合作共赢基础上的利他，前提是自己所做能兼顾国家乃至他人利益，表现出解决问题的实干能力。

曾毓群在三元锂电池普遍不被看好甚至多年没有获利时，仍然选择了坚持，就是因为他相信这是民众所需，是国家所需，更是世界所需。

利人表现为合作共赢。曾毓群曾说："我们需要帮助我们的合作对象在市场上获胜。"事实上，后来他也是这样做的。当时特斯拉因为电池利润问题和松下决裂，找到曾毓群谈合作。曾毓群起初有些犹豫，因为这一大客户要求比较严格，而且报价很低，此次合作可能只能赔钱赚吆喝。三次接触后，曾毓群最终用40分钟的会谈和特斯拉搞定合作。

事后，曾毓群也指出，马斯克还是担心成本，又担心成本太低产品质量不好。但是，宁德时代负责在定价的基础上，给出让对方满意的产品方案。正是因为能够对挑剔的客户负责，为客户解决问题，他才能成功。

在做好本职工作的基础上，积极搞科研、提升管理能力的曾毓群，经过十多年的历练，已经成长为技术和管理能力双优的工作人员。现在的他，已经懂得如何试错和基本掌握了解决错误的技术。在管理方面也能本着"问题理念"，从解决潜在和已有的问题出发，解决当下的难题。

学习能力的提升，在于困难关头的坚持。新科磁电厂的主业是做硬盘读写磁头，曾毓群的岗位是技术工程师。这和他在上海交通大学所学的船舶技术完全不搭，但是他并未因为专业不符而放弃，反而是斗志昂扬地去挑战自己不会的东西，很快就成为厂里的骨干。

有一个例子很能展现曾毓群的主动意识和好学精神：当时新科的磁头原本使用氟利昂清洗剂。20 世纪 90 年代初，氟利昂的毒害渐渐被众人所知，社会呼吁减少使用，保护臭氧层。因此，氟利昂在全球遭到抵制。新科的主要客户之一 IBM，要求新科停止使用氟利昂清洗剂，改为去离子水洗剂，否则就要给新科产品贴上"本产品使用了破坏臭氧层的清洗剂"的特殊标签。

本来在新科，这件事情是由另一个名叫 cleanness（清洁）的部门负责的，但曾毓群觉得自己的产品如果被贴上特殊标签的话，会影响公司的品牌形象和业绩，便主动请缨去解决这个问题。

那段日子，曾毓群一边要完成本职工作，一边还要研究如何解决这个困扰全球的业界技术难题，忙得不可开交。但最终，这个技术问题还真被他解决了。从那以后，全公司的磁头清洗，就摆脱了氟利昂，全部改为去离子水。曾毓群也被提拔，接管了 cleanness 部门。

曾毓群曾说过这样一句话："人的一辈子都在投资，退休前的工作方向和资历就是对自身的投资。"而持续投资，让自己增值，自然也会引得伯乐的到来。是金子就会发光。

在事业发展的赛道上，曾毓群从最开始的组长到车间主任，再到技术科长，最终成为了东莞新科磁电厂最年轻、也是第一位大陆籍工程总监，这一年曾毓群不到 31 岁。

硬盘磁头领域的英杰

什么是英雄豪杰?《淮南子·泰族训》云:"智过万人者谓之英,千人者谓之俊,百人者谓之豪,十人者谓之杰。"成为所在领域的英雄豪杰,是曾毓群的宏图壮志,也是他一步步走向辉煌的职业路径。

在上海交大建校 125 周年的庆祝活动上,一名化学分子专业的学弟在向曾毓群提问时说,自己学的是化学专业,不清楚将来工作时要从事制造产业,还是金融产业。曾毓群没有直接回答,而是巧妙地化用了《淮南子·泰族训》的名言,结合自己的感悟说道:我们常说做英雄豪杰,英是万里选一,雄是千里选一,豪是百里选一,杰则是十里选一,你起码在自己的领域里要做到"杰",最好的是"英",然后再考虑创业,这样成功的概率会大一些。言外之意,还是应该先在某个领域成为一个拔尖的人才,然后才有更多的选择可能。

曾毓群的奋斗路径,就是一个先在细分领域埋头耕耘成为英杰,再柳暗花明又一村,拥有更多选择的过程。

1989 年,曾毓群从国企辞职,入职 SAE 成为普通的技术员。十年磨一剑,曾毓群钻研技术,让自己从最开始做组长,到车间主任,到技术科长,最终成为了硬盘磁头生产领域的第一梯队人物,在国内外知名行业企业圈子里崭露头角。

曾毓群的英杰之路,大致经历了三个阶段:靠自己、靠贵人、靠平台。

第一阶段:靠自己。初入硬盘磁头领域的曾毓群,是船舶工程专业出身，又从国企跳槽而来，一没有专业基础，二没有工作经验，只能靠自己勤学苦练学会真本事。他牢牢抓住入职第一年"新人保护期"的机会，在入职培训、海外培训等机会中迅速学习岗位专业知识。

除了公司培训，曾毓群还选择了从日常工作中磨细活、下苦功，一点点成长。在工作过程中，他没有选择拿工资熬时间，而是拿时间来增长技术，发展自己，干一份活就有一份收获，解决一个问题就有一点提高。在别人庸庸碌碌度日、为老板打工的时候，他已经在为成为老板而打基础了。

第二阶段：靠贵人。人生四件幸事：高人指点、贵人相助、小人监督、个人奋斗。想要不断突破，抓住机会，贵人提携不可或缺，有时候，贵人一句点拨，胜过自己苦思数载。但要想得到伯乐提点，首先得像曾毓群一样把自己打磨成"良驹"。前文讲过，曾毓群成长过程中有三位贵人相助，而在他最初十年的磨砺过程中，陈棠华博士起的作用最大。

陈棠华到新科之后，成为曾毓群的顶头上司，在工作上，曾毓群与陈棠华接触更多。陈棠华对曾毓群高度认可，无论是技术，还是人生经验，都是倾囊相授。除了在工作方面对曾毓群给予大力指导以外，陈堂华还安排曾毓群去美国考察，并推动曾毓群去华南理工大学读在职硕士。1999 年，他又大力提拔年仅 31 岁的曾毓群为总监，让他成为了新科历史上最年轻的总监，也是公司首位来自中国大陆的总监。后来，曾毓群用"恩师、恩人、贵人、亲密战友"来形容他。

第三阶段：靠平台。曾毓群之所以能够取得这些成就，除了自身努力外，与 SAE 提供的广阔平台不无关系。对于老东家东莞新科磁电厂，曾毓群一直心怀感激。他曾多次说："在那个外资企业，自身各方面都得到了很好的锻炼。"事实上，东莞新科磁电厂确实赋予了曾毓群了不起的能力。

首先，SAE 是磁盘领域的龙头，订单量大，业务面广，这就为曾毓群了解磁头生产技术的纵深发展，掌握试错方法提供了可能；其次，曾毓群所对接的日立、西部数据、东芝这些世界顶尖、极其挑剔的客户，也让他领略到前沿技术，以及大家对这些技术的追求。更可贵的是，你可以和这些企业的优秀工程师面对面，一起做项目、一起讨论，这对年轻人的成长来说，简直如天上掉馅饼般不可多得。

最为重要的是，作为全球最大的独立读写磁头供应商，东莞新科磁电厂积累了很多磁头生产方面的经验和数据。这些数据都是一次次实验用钱砸出来的，具有极高的技术价值。而在这里工作、成为核心人员的曾毓群，有幸接触到这些经验和数据，让他能够对这一行业和产业有更清晰的认知。

在公司的加持、贵人的倾囊相助和自身十多年的耐心钻研下，曾毓群在电脑硬盘磁头领域成为了"英雄豪杰"中的"豪"。他接管了cleanness 部门，成为企业最年轻的工程总监。

但在当时的大环境下，出身大陆的员工在外资工厂很难升到高位，曾毓群做到总监的位置，就近乎摸到了自己的职业天花板。

地利欠缺，天时也不尽如人意。1997 年，亚洲金融危机爆发，涉及亚洲经济圈，中国的台湾、香港等地区，以及韩国、日本等国家，并且间接影响到外资集聚地的东莞，以致东莞香港集团、台企纷纷倒闭。在这一大背景下，东莞新科磁电厂也受到一定冲击，订单数量减少，行业竞争加剧，客户的要求愈发挑剔。

与此同时，日本 TDK 在 1999 年 11 月发布信息显示，公司持续生产的 GMR 磁头有可能退出历史舞台，而高 MR 变化率、低电气阻抗TMR 磁头将会在 2002 年批量生产。

时代的寒风劲吹，行业方向的转换也在渐进。所谓的英杰，不仅要在擅长的赛道默默耕耘，更要懂得嗅到风的变化，及时为迎接新的赛道做准备。

在上海交大 125 周年庆祝活动中，在与沈南鹏对话时，曾毓群表示："我这个人喜新厌旧，连续十年每期都做这个产品也会厌倦。家里和工作，家里不能换，只能换工作了。"他这句话虽然是玩笑话，却表达出彼时曾毓群已经意识到自己在硬盘磁头领域进入了瓶颈，很难继续突破。他给自己的定位是英杰，以曾毓群的话来说，所谓英杰，就是要在一个领域里做到万里挑一，在其他多个领域做到十里挑一。曾毓群开始寻求新赛道，当然此时的他还没有创业意识，思维仍局限于打工人。

学习能力是一种素养

从一介寒门学子一步步成为行业巨子，曾毓群的故事里蕴含了理想、友情、奋斗、逆袭，这些字眼无不令人心潮澎湃。但贯穿其奋斗史的主线，恰恰是最朴素的一件事：学习。

在 ATL 公司的核心三人团队中，陈棠华目光长远，心思缜密，擅长提前布局；张毓捷激情澎湃，敢打敢拼，是公司一些关键性重大决策的有力推动者；曾毓群踏实稳重，好学上进，是靠谱的执行者和持续进化者。

对曾毓群来说，学习已经超越对知识的吸收、对技能的掌握、对成功者的模仿，而内化成了一种本能、一种素养。不论是"赌性更坚强"，还是"爱拼才会赢"，最基础的保障和底气，都是曾毓群卓越的学习能力和化为本能的学习习惯。

学习能力的养成，出于人生节点的选择。对从小成绩就特别好的曾毓群来说，天赋自然是不缺的，但光有天赋肯定是不够的，重要的是有没有眼界和格局，在关键节点做出正确的选择，给自己深层次学习的机会。

在当年，读书不是想读就可以读，在贫困的农村，想要好好读书，需要有一定的资质，同时也需要家里人的支持，这也是为什么很多农村孩子中途辍学的原因。在劳动任务很重的农村，每个孩子都是很重要的劳动力。好在曾毓群和他的家人最初就做出了正确的选择：坚持培养他读书。他从小成绩就特别好，读书有股狠劲。更难得的是，他最喜欢挑战那些不可能的事情。例如，小时候的考试，有时有附加题。曾毓群对于正常的100分不是很看重，但非常在意附加题能不能做出来。因为只有附加题都做对了，才能发挥自己的能力，展现自己的水平。

1985年，曾毓群考上了上海交通大学，学习船舶工程。在那个年代，能考到这样的学校，学这样的专业，可以预见，他这一辈子应该都不会回闭塞的宁德，而将与广阔的海洋为伍了。

但毕业后的曾毓群，只在国企待了三个月，就作出跳槽到东莞私企的决定。现在看来，这个在当时惊世骇俗的决定，却成了他给自己争取到的学习和成长的绝佳机会，让他来到了真正能帮助他成为行业英杰的"学校"。这种关键时刻敢于选择更难走的路的素养，让曾毓群不断得到向新台阶迈进的机会：从船舶专业到硬盘磁头行业，再转向电池乃至新能源行业，继续修读硕士与博士学位，在新领域创业，等等。他从一次次挑战中，获得了从头再来的学习机会。

学习能力内化为素养，成为"赌性"的底气。在成为最年轻的工程总监后，曾毓群在梁少康的指派下去了深圳考察充电电池项目，在与专家进行相关讨论后，他认识到电池的重要意义，也看到了电池行业的机会。1997年东南亚金融风暴爆发后，全球电池产品价格暴跌，很多日系电池商家普遍亏损。全球镍镉电池老大日系企业在生产日报中宣布，将不再保持镍镉电池生产线，而这势必将引发镍镉电池生产基地国际大转移，带来电池产业新格局，也为电池行业全球布局带来了新的可能。而国内电池生产企业数量有限，生产充电电池的企业不多。

这一切让曾毓群觉得："充电电池行业大有可为，会对人类造成巨大颠覆。"在技术方面，曾毓群认为，铅酸电池原材料便宜，只是寿命短；锂电池体积小、轻薄、便于携带，相对清洁，符合"简便实用"的机械哲学理论，在未来应该会大有可为。

曾毓群没有预料到的是，这项技术虽然不难，却易学难精。是的，电池制造是一项苦活、累活、亟须人专注的活，是一种极限制作。因为电池是一个危险品，存在着燃烧爆炸的可能。更恐怖的是，一辆普通的电动汽车中含 100 个电池，在充换电千万次的使用条件下，如何保证不发生燃烧，是每个人必须思考的问题。

有了曾毓群在技术上的肯定，梁少康对这个项目更加有信心，并写了份电池项目可行性报告上报给公司，认为"必须要加快研发，传统的 5 号、7 号电池已经无法适应新形势"，但却没有得到总部的批准。

梁少康十分看好电池行业前景，最终决定拉着技术骨干曾毓群和自己一起创业。

此时，深圳同行也发来邀约，希望曾毓群能出任公司经理一职。高薪高职位 offer 让曾毓群有些动心，但梁少康的挽留又有些让他动摇。此时，梁少康给远在美国的曾毓群的老上司陈棠华打了电话，希望陈棠华留住这位技术骨干。

上司告诉曾毓群，打麻将这些事都是小赌，而做新能源事业则是大赌。做新能源事业是需要很高能力的，要求创业者具有洞察力、资源调控能力和分析能力。不过，都是赌，打麻将和新能源创业也有共同之处，那就是咱们都不知道对方手中有什么牌。而且可能我们手中是烂牌，但是也不是没有获胜的可能。要想打出好牌，就需要进行资源调配、排列组合。

在和陈棠华沟通后，曾毓群开始了人生又一次豪赌。这一次，他的赌注是深圳高薪优渥的深圳总经理 offer 和自己的家产；赌的是电池行业会腾飞，赌的是中国人也能做出世界第一，也能为全球新能源事业做出突出贡献，赌的是自己的创业会成功。

在这次豪赌之后，曾毓群又面对多次"赌局"：涉足新能源电车领域，成立宁德时代，确定了宁德时代发展的两个"棋眼"；动力电池和储能……在一次又一次"下注"之时，支撑他做出决策的是不断提升学习能力带来的知识储备、眼界、格局带来的底气。

在将学习能力内化为一种基本素养的过程中，曾毓群也从"做点事儿、赚点钱"的职业经理人，转变成以清洁能源为使命、做对全球有意义的事的创业者。在这一过程中，曾毓群为我们展示了一位优秀的终身学习者和长期主义者的素养。2006 年，已经做到 ATL 高管的曾毓群，又获得了中科院物理研究所凝聚态物理博士学位。2020 年获得美国国家先进技术电池联盟终身成就奖。不断的学习，让曾毓群有了在技术领域发言的底气，也让他更清晰地认识了产业链和未来发展的方向，而事实上，在激烈的竞争世界中，也唯有那些永不停止学习的个人或者组织，才能获得生存的机会并取得较大的成功。

第三章

组建新能源科技公司

　　有些人喜欢寻求安慰，在仍可继续的事业中继续。但也有人天生乐于挑战，喜欢新鲜的、能够让自己成长的事情。而曾毓群是想进一步实现自身突破，积极追求成长的人。按照自身"一个人要在一个领域里做到千里挑一，在其他多个领域做到百里挑一"的志向，曾毓群开始寻求新突破，有意进行其他方面的接触。

职业发展遇瓶颈

曾毓群成为了 SAE 的第一位大陆总监，也成为了行业英杰，这一切成就除了自身努力外，与 SAE 提供的广阔平台不无关系。对于老东家东莞新科磁电厂，曾毓群一直心怀感激。他曾多次说："在那个外资企业，自身各方面都得到了很好的锻炼。"事实上，东莞新科磁电厂确实锻造了曾毓群了不起的能力。

SAE 在业界的天然地位为曾毓群了解磁头生产技术的纵深发展、掌握试错方法提供了机会。其所对接的日立、西部数据、东芝这些世界顶尖、最挑剔的客户，也让他领略到技术前沿和大家对技术的追求。更可贵的是，他可以和这些企业优秀的工程师面对面，一起做项目，一起讨论，这对年轻人的成长来说如登天之梯那样难得。

最为重要的是，曾毓群在这里接触到很多依靠实验砸出来的，有极的技术价值磁头生产方面的经验和数据，从而让他能够站于行业前沿，形成"会当凌绝顶，一览众山小"的大局观。

鲜花盛开处，往往有毒蛇嘶嘶作响。在曾毓群一切顺风顺水之时，危险也在悄悄靠近。1997 年，亚洲金融危机爆发，中国香港原本也是其中一环，国际资本对香港金融市场发动多轮攻击，恒生指数跌到6600 多点，存在港币做空的风险。与之同时，中国多家银行都存在大量不良贷款，经济健康状况不佳。紧要关头，中央政府通过直接将金融银行坏账剥离、支持香港政府动用外汇储备等方法，让银行避免了坏账影响，也将汇率稳定在 7.75，让恒生指数重回 8000 点以上，在一定程度上降低了对中国大陆地区的影响。

加上时代因素，在全球经济衰退的背景下，东莞新科磁电厂也受到一定冲击，来自各个客户的订单数量有所减少，行业竞争力加大，客户的条件愈发挑剔。

据 2001 年 11 月相关新闻显示："到 2001 年 9 月为止，日 TDK 净利下跌 94.4%，营业收入下降 22.6%，因经济恶化既深且长，公司决定裁员 8860 名员工。"工作环境不佳，行业发展下滑，晋升空间不大，对想要成长的人来说，自然是逆流。

在上海交大 125 周年庆与沈南鹏对话时，曾毓群表示："我这个人喜新厌旧，长时间对着家里会厌倦，连续十年每期都做这个产品也会厌倦。家里和工作，家里不能换，只能换工作了。"

这句话虽然是玩笑话，却也彰显出此时的曾毓群已经感觉到在 TDK 工作，既无法改变自身的条件，也不能适应外部的环境，职业发展已经进入了一个相对停滞的时期，也就是说曾毓群自身产生了职业倦怠感。

倦怠表现在对自身工作环境的无力。其实，SAE 属于全资日企公司。在这样的公司，大陆人本身就很难有出头机会。即便这次曾毓群侥幸出头，但能够获得多少实权，拥有多少问题的决定权，还是有待考量的问题。在外资企业中，他的大陆籍身份基本上决定了他成为总监已经到达了他自身职业发展的天花板。

沉舟侧畔千帆过，病树前头万木春。此时，TDK 却迎来了新产品。公司在 1999 年 11 月发布的信息显示，公司持续生产的 GMR（giant magnetoresistive）磁头有可能退出历史舞台，高 MR 变化率、低电气阻抗 TMR（tunneling magnetoresistive）磁头将会在 2002 年批量生产。学习欲望极强的曾毓群自然也学习了这项新技术，这也是后来曾毓群在讲话中提及储存容量从几 MB 到几 GB 的转变。但是，此时这项发展已经难以触发他内心工作的激情。这让曾毓群进一步意识到自己进入了职业瓶颈期，身心都很难继续突破。

有些人喜欢寻求安逸，在仍可继续的事业中继续。但也有人天生乐于挑战，喜欢新鲜的、能够让自己成长的事情。而曾毓群是想进一步实现自身突破，积极追求成长的人。按照自身"一个人要在一个领域里做到千里挑一，在其他多个领域做到百里挑一"的志向，曾毓群开始寻求新突破，有意进行其他方面的接触。

有能力的人不怕找不到工作。这时，多家公司通过猎头向曾毓群发来 offer，深圳的一家公司甚至以高薪提供了"总经理"的岗位。香港新科实业有限公司的 CEO 梁少康知道了这件事，不希望人才就此流失，考虑到自己最近在思谋电池领域的相关想法，决定为曾毓群找份新任务。为此，梁少康派曾毓群去深圳公干。此时，曾毓群还不知道，这次考察将会极大地改变自己的职业道路。

人生第二次搏：创业做电池

电子消费产品兴起，的确是一个风口。不过电池是一个比拼资产、比拼规模，较长周期才能盈利的产业，且大量资本是后续盈利的保证。与之相比，做职业经理人，或者投入地产、外贸等大风口行业是风险低、更赚钱的买卖。

但曾毓群却选择投身锂电池这个资金投入量大、风险较高的行业，这不能不说是一场资本的豪赌。事实上，曾毓群确实是一个敢赌之人，他深信"爱拼才会赢"，敢赌才能大赢。

但是，曾毓群的赌，不是盲赌，而是一场思维和技术性的比拼，拼的是脑力和智慧。曾有人评价："曾毓群敢于在一件事情只有70%把握的时候下注，剩下的30%风险在未来实施过程中会纠正一部分，最终只让自己承担10%的风险。"

1999年10月，曾毓群与梁少康、陈棠华等人成立了ATL团队。作为主要创办人，后续他们联系了黄世霖、赵丰刚、孔剑威、陈卫、吴凯、张毓捷等合伙股东，以多达16位的创始人创建了新能源科技有限公司（Amperex Technology Limited，简称ATL）。

Amperex Technology Limited中首个英文单词Amperex是Ampere（安培）和excellent（优秀）联合而成，暗含了创始人对公司的期许。实际上，从创立之初，三位主创人员就想将ATL打造成为消费电子产品锂离子电池领域的全球龙头企业。

ATL是一家以锂电池生产为主营业务的公司，创始成员中的张毓捷、赵丰刚、吴凯、陈卫都曾是曾毓群聚集在陈棠华手下的人，可以说 ATL 是以陈棠华为核心成立的一家公司；同时，这家公司又有着鲜明的曾毓群乃至宁德的影子，这一班底特征，决定了当陈棠华 2010 年去世后，公司必然会发生一定的变动，也决定了 ATL 在扩建时必然会落户宁德时代。美团创始人王兴曾说："创业本来是件蛮不容易的事情，最好的团队肯定是能和而不同。"事实上，ATL 最初就秉持着和而不同的理念，每个人各自立足擅长领域，各司其职。此时，曾毓群主要负责的还是技术层面的事情，即锂电池的生产与研发。锂电池生产在当时属于高科技技术，核心技术和市场归欧美等发达国家所有。

他国科技领先的时代背景，虽为我国高科技创业之路提供了启示，却也带来了压倒性的竞争态势，甚至使我们有永无出头之日、成为廉价劳动力的危险。

三个人想要改变现状，做出点成绩，让外国人瞧瞧"中国人也能生产出世界领先的高科技产品"。只是万事开头难，创业更是难中难，尤其是对创业经验不够丰富的他们来说。在 ATL 公司成立初期，摆在曾毓群等创业人面前的有三道难关。

第一道难关：资金关。锂电池制造涉及原材料多，既包括硫酸铜等电解液材料，也包括锰金属、锂金属等正极材料及石墨等负极材料，每种材料都需要用钱买，再加上购买设备等投资，新成立的 ATL 存在着很大的资金缺口。

当时很多投资者并没有意识到 ATL 的价值，所以 ATL 成立之初遭遇了融资的困难。幸运的是，在 16 位创始人的共同努力下，ATL 募集到 250 万美元的创业资金，为公司运营提供了一定的资金保证。在设备方面，曾毓群等人也尝试与老东家合作，在一定程度上解决了设备问题。在 ATL 试运营过程中，曾毓群也意识到了资金的重要性，现金为王，并认为"没有钱的承诺是不认真的"。

不过，正如洛克菲勒所说："不要总是陷入危机后才想着贷款，要将贷款作为扩大自己能力的必要成长手段。"ATL 虽然多次因资金链陷入绝境，ATL 的创始人却仍不屈不挠地引领着公司向前发展。

第二道难关：市场关。产品生产出来，只有卖给使用者，才能回收资金，用于再生产。如果没有市场，导致货物有价无市，公司难以为继将会破产。ATL运营初期，只以研发产品为核心，并没有仔细思考卖给谁。为此，曾毓群也曾说："第一次创业完全是一种冲动，那时候连东西生产出来卖给谁、怎么卖都不知道。"

初生的ATL遭遇了"无人问津"的尴尬。20世纪末，电池行业仍然是索尼、三洋等日韩品牌的天下，他们占据95%的市场，拥有较为成熟的产业链和品牌知名度。国内现有的电池生产商，即便是放低价格也很难得到认可。

从生产能力上来说，2001年的ATL在东莞设立白马厂区，生产线少，产品数量有限，也难以接受较为大量的订单。

作为新生企业的ATL，没有品牌知名度，缺乏创新技术，更不具备鬼才般的营销艺术作为攻擂者，很难从品牌知名度高、经验丰富、资金丰厚的外企手中夺取市场份额。与此同时，新进入的电池企业也层出不穷，行业竞争愈发激烈，新生的ATL想要从中分得一杯羹，更是难上加难，遭遇市场冰山在所难免。

第三道难关：转型关。首先是角色的转型。从过去单纯负责技术方面的职业经理人，到现在的创业者，曾毓群不得不去思索营销、管理等相关问题，处理以前不曾处理过的事情。幸运的是，曾毓群很喜欢这种每天有新刺激、新挑战的生活。

回顾这次创业时，曾毓群说："第一次创业感觉是最好的。""因为创业的每一天都充满着新鲜和挑战。"在一次次挑战的过程中，曾毓群逐渐意识到创业这条路除了用技术实现你的梦想外，就是和不同的人打交道，你需要和投资人、合伙人、雇员、客户打交道，争取一个共赢的局面。

初生的ATL生长环境并不算友好，掣肘的事情很多。然而，困境是弱者的牢笼，却是强者成长的辅助，只要敢于突破，总会打开新的局面。

差异化应对竞争红海

商业决策来源于市场，了解大环境后，三位创业人需要解决的问题有三个，即 ATL 的市场在哪里，ATL 的客户在哪里，ATL 的产品竞争力在哪里。

首先是市场。电池行业的市场整体看来不错，照相机、便携式收录机、BP 机等电子消费产品都需要电池。相关数据显示，电池行业已经从 20 世纪 80 年代 100 亿美元的市场增值到 90 年代末的 200 亿美元，市场值增长速度甚至高于同期经济增长速度，属于头部的朝阳产业。就连当时深圳凯邦电子的负责人也曾说："电池不愁销路，有多少就能销多少。"

只是 ATL 的创始人都明白，这个市场虽大，却是一个全面竞争的环境，步步艰难。毕竟，这一行业龙头集聚，高手环伺，新生企业难以突围；而且在对方先发领域里，依靠常路很难有所超越。譬如索尼、三洋等商家的电池产品已经做了数年，甚至数十年，积累了丰富的经验、技术和良好的市场口碑，积累了大量客户。而 ATL 才刚刚起步，电池行业又是高技术行业，各类工程师的培育也需要较长周期，所以想要在别人的优势领域与其一较短长，真的很难，也很辛苦。你得先要蓄力追上别人，才能超过别人。可能有人会说，中国人力资本相对便宜，可以打价格战。实际上，当时中低端市场，在价格上的竞争很厉害。单纯的价格竞争，不仅破坏了厂家信誉、扰乱了市场，更是阻碍了民族工业发展，也导致企业的利润越来越低，不能持续发展。在这种情况下，唯有出奇，找出一条属于自己的路，才能制胜。

曾毓群开始进行广泛的市场调研，想要在纵览全局的基础上摸出一条路。彼时以松下为首的 8 家日本公司推出自己的首款聚锂产品，开启了聚合物锂离子电池元年。当时中国和全球电池行业仍以生产锌锰电池为主，这种类型的一次性电池占据半壁江山。但得益于照相机及计算机等工业配套产品的发展，碱性锌锰电池和锂电池也出现快速发展的苗头，尤其是锂电池增长最为迅速，增速在 30% 以上。局部地区，比如日本锂电池和锌锰电池的产值已经旗鼓相当。

曾毓群考虑到电子消费品日益普及的时代背景，以及中国得天独厚的锂矿资源，决心真正地深挖锂电池这一行业。

在这里简单回顾一下锂电池的诞生历程。锂电池是以锂作为负极材料的一种电池，具有能量高、工作温度范围宽、储存寿命长的优点。锂电池发源于 20 世纪 70 年代的美国，当时主要是军用。后来，以色列、加拿大、俄、德、法等国都有研究，不过后来在日、韩等国发展壮大，尤其是日本将商用锂电池发展得很好。1991 年，索尼发布了第一款商用 18650 三元锂电池，之后，它迅速占据全世界锂电池民用市场，年产量 4.9 亿只。

我国锂电池研发工作开展得也较早。20 世纪 70 年代，中国工程院院士陈立泉在德国见识到锂电池后，在中科院创设了固态金属研究室，于 1995 年造出中国第一块锂电池。1998 年，比亚迪将锂电池进行了商业化生产，从此开启了我国企业在锂电池行业的进发之路。巧合的是，曾毓群后来成为了陈立泉的博士研究生。

从电池行业到确定锂电池这一细分领域，ATL 的市场选择有了初步的方向。

接下来就是了解自己的对手了。知彼知己，百战不殆。只有了解对手，才能发现他的弱点，从而有所作为，寻找到独一无二的消费群体。

通过调研，曾毓群发现，我国电池生产厂家近千家，其中，蓄电池厂点近七百家，锌锰干电池厂两百余家，锂电池也有几家，比如电子部长江电源厂、常州电池厂、电子部天津电源研究所、石家庄市燕华电池厂等，年产量为一百多万只。但是这些厂家有一个特点，即生产的电池以硬壳式方形电池和圆柱形电池为主。这类电池的特点是样式笨重、型号单一，而且充电不太方便。虽是标准化生产，却不能适应蓝牙耳机、手机等不同生产商的不同型号要求。

当时，电池有软包和硬包两种形式：硬包体积大；软包体积小，具有一定可塑性。当时国际知名电池生产商生成的电池以硬包为主，流水线，效率高，速度也快。但当时我国部分手机生产商是从韩、美等国购买零件，进行手机组装，在各个零件固定的情况下，手机可塑性很小，所以大家迫切需要一款可根据手机内部空间设计的电池。而软包电池能够满足这一需求。

别人的不足，就是自身的努力方向。唯有"人无我有，人有我新"，以差异化竞争弯道超车，才能胜利。曾毓群等人经过仔细分析后，决定进军短小、轻薄、便于携带的软包聚合物锂电池这一细分领域。通过推出高压大功率的电池产品、高能量密度产品、E型和定制不规则产品形状的电池，以及能够保证高能量密度的产品电芯，用差异化策略赋予了ATL产品脱颖而出的可能。

差异化竞争，让ATL享受到了红利。在ATL于东莞创立白马厂区的2001年，公司全年累计出货量达到了一百万颗电芯。而产品差异化竞争带来的好处，让曾毓群等人进一步意识到："差异化竞争一定是未来竞争的发展趋势。同质化竞争只会带来恶性竞争和更低的行业利润。"

企业要发展，除了自身有产品输出外，还需要被大量客户选择，"生成—卖出—再生产"。只有这样，才能维持企业的良性运营。在最初企业知名度不高、客户积累不多的情况下，如何实现被大量客户选择，ATL决定走广泛领域定制化的差异化竞争路线。广泛领域定制化，即所生成的产品种类多，除了为手机供电外，进一步打开其他应用市场，以多种类产品满足不同客户的需求，通过扩大客户数量和层级来实现自身的发展。差异化竞争路线，即通过加大本品和其他商家产品的差异，真正被客户选择。

2001 年，ATL 内置锂电池首次应用于蓝牙耳机，当年销量猛增。

2002 年，ATL 内置锂电池首次应用于便携式 DVD，开辟了新航道。

2003 年，ATL 内置锂电池首次应用于 MP3，抓住了一个新的增长点。

2004 年，ATL 攻克一致性难题，让自身的内置锂电池首次应用于笔记本电脑等。

蓝牙耳机、DVD 等电子产品开始盛行，曾毓群意识到，随着社会发展，人们会随身携带多件电子消费产品，对电池的需求量会进一步扩大，这个市场具有很大的潜力。

只是圆形电池早已被巨头卡位，想要突围，只能凭借"人无我有，人有我优"的优势，ATL 想真的做大做强，还需进一步另辟蹊径。

战狼性格：技术狂人的十四个日日夜夜

21 世纪初，中国处于转型升级时期。以电池行业为例，以曾毓群及 ATL 为缩影，可以反映当时中国工业的整体画面。过去我国电池都是糊式电池或者纸板电池等中低端电池，只能以出口价低于国际上一般报价的低廉价格卖给拉美、非洲、中东等欠发达地区。而日、美等国掌握着先进的生产技术，生产的电池产品主要为东南亚、欧洲、北美、中美等工业发达国家服务，产品价格很高。在这一背景下，我们的电池产量虽然是日本的五倍，但销售额却仅为他们销售额的五分之一。因此，打破欧美等技术垄断，进行电池产业升级势在必行。

2000 年前后，曾毓群在 ATL 香港公司所在地，即香港荃湾海盛路 9 号有线电视大楼 35 楼，添置了一些设备，组建起电池研发中心。与比亚迪王传福一样，曾毓群在电池领域的技术研发之路，最开始也是从拆解起步；不同的是，比亚迪拆解的是汽车，而 ATL 的研发中心拆解的是诺基亚某款全球热销的翻盖手机。在拆解过程中，ATL 发现手机内部是一款由索尼生产的锂电池。

当时轻、小是手机的发展方向，而手机内除了电池外，其他零件改动空间非常小。这让曾毓群进一步确定这种短小、轻薄、便于携带的聚合物锂电池会是后续电子消费产品使用的重点蓄能载体。

ATL 看准了聚合物锂电池，认为只要掌握这项技术，将锂电池灵活地封装成不同型号的电池块，不但能满足国内手机生产商的要求，还能满足多种产品需求，打造出 ATL 出圈的硬核武器。但当时聚合物锂电池技术在国内尚未运用，国际上相关报道也相对较少，如何进行技术上的突破成为当下难点。经过重重打听，曾毓群了解到该技术的生产技术归美国贝尔实验室所有。

贝尔实验室成立于 1925 年，是世界上规模最大和成就最突出的企业研发机构，不但有数字计算机、晶体管、蜂窝移动电话等诸多影响时代潮流的产品，还诞生了 11 位诺贝尔奖获得者。拥有强大科研实力的贝尔实验室，也有很强的产学研转化能力，聚合物锂电池就是其中一个产品。

曾毓群带着近乎全部创业资金，在众多创业人的期盼中，前往美国贝尔实验室，想要获得这项专利的授权。在谈判过程中，曾毓群切实感受到了技术"货真价实"的价值，ATL 不但要支付贝尔实验室 100多万美元的授权费，后续每再生产一块电池时，还要支付给对方相应的扣点。

买回专利授权后，曾毓群及研发团队成员立即钻进实验室，按照专利内容进行配比，很快就做出了电池样本。但是在对电池反复充放电后，他们发现电池有鼓包现象。这不仅会影响外观，还有可能爆炸。

曾毓群联系贝尔实验室，想要寻求解决问题的方法，却被告知当时全球已有二十几家企业获得了锂电池专利授权。在产品测试过程中，二十几家都出现了鼓包问题。贝尔实验室认为电池鼓包是在实验室里才会出现的情况，消费电子产品日新月异、更新极快，消费者不可能意识到这个缺陷；并认为"鼓包是这项技术无法解决的本质问题。"

一句"技术无法解决"看似客观的话语，却有可能为刚开张的公司带来巨大灾难。大家辛辛苦苦把身家全部押上，才募集到的 250 万美元"创业资金已经所剩不多，产品却始终无法突破难关实现量产。研发进程在鼓包问题这里受阻，导致生产线建设推进工作也延迟。

部分人逐渐丧失了信心，毕竟连世界排名第一的贝尔实验室都说是材料本身的问题，作为全球最知名的研发机构和该项技术的发明者，都没能解决这个问题，二十多个购买机构也没有解决这个问题，曾毓群一个初次接触电池的新人，能解决知名专家都解决不了的问题吗？ATL 真的能凭这个技术翻盘吗？

曾毓群却始终坚信"No Pain No Gain"，在压力中前行，相信"自己能解决鼓包问题"，毕竟"我们中国人不笨也不懒"。在美国留学工作多年的张毓捷也深信中国人很优秀，鼓励曾毓群用科技证明中国人不比美国人差。

"用科技打败美国"，解决美国最知名实验室解决不了的难题来证明中国人的能力。曾毓群决定赌上这一局。某次参加完化学展览返回公司的途中，曾毓群在飞机上翻看电池技术手册，突然福至心灵。他对照着展览上带回来的电解液手册，回想着自己研发电池的过往，他认为电池鼓包有可能是电解液配置有问题。

曾毓群钻进了实验室，从电解液成分入手，着手解决鼓包问题。在研究过程中，曾毓群发现锂电池能使用的温度上限为85℃。但是贝尔实验室提供的电解液配方中某些离子的成分沸点和这个温度很接近，有些甚至为93℃。有这些离子在，锂电池工作时很容易就会让电解液产生气体，从而出现鼓包现象。所以，如果把这些沸点较高的电解液替换掉，会不会就解决了鼓包问题呢？

曾毓群开始尝试排除原来配方里低沸点的化学物质，并写出了七个配方，让生产电池溶液的企业照方生产，拿新的电解液重新制作电池，并通过反复充电进行验证，发现还是有鼓包问题。

曾毓群没有放弃，而是继续试验了剩余的配方。他花了两周时间，终于在七个电解液配方中发现了两种能够制造出不鼓包的电解液新配方。

而他已经在实验室奋斗了十四个日日夜夜。

洛克·菲勒在写给儿子的38封信中曾说："毅力和决心无往而不利。"事实上，毅力是一个人成长、一件事能做成功的重要特质。毅力的重要性，甚至大于才干。很多天才因为缺乏坚持成为了"方仲永"般的存在，在历史的天空中如流星般转瞬即逝。运气当然也不可以依赖，没有谁靠风口能持续成功。唯有毅力，能够点燃才干、迎来机遇，在逆境中创造奇迹。

ATL 依据贝尔实验室的专利，生产出了不鼓包的电池成品，破解了世界级物理化学专家都无法破解的技术难题，真正做到了王传福口中"年轻的工程师胜过资深的欧美技术专家"。曾毓群不仅给中国技术争了光，也让 ATL 成为获得该专利的全球二十多家企业中，唯一实现技术量产的公司，并让行走于死亡线的 ATL 得到了重生。

接苹果订单，新能源科技驶上超车道

破解了贝尔实验室专利产品"鼓包"技术问题的 ATL，马不停蹄地开始推进产品量产工作。曾毓群、陈棠华等人经过商议，最终还是决定在东莞建立工厂。一来，ATL 大部分工作人员都有在东莞生活、工作的经历，对这个城市有一种天然的亲近；二来东莞毗邻香港，此时也正值快速发展时期，商机不会少；三则香港实业科技有限公司在东莞有分厂，某些时候可以互相倚仗。

确定了在东莞设厂，接下来就是厂址的问题。考虑到第三条原因，陈棠华将工厂也设在了东莞南城。他在南城白马社区租了几层楼，作为白马厂区，开始量化生产。

ATL 的研发团队采用软包的聚合物锂电池，根据客户的定制需求，开发出了适合各种小型化电子产品的电池，比如蓝牙耳机的内置锂电池。2001 年，ATL 电池正式量产的第一年，其量产的电池数量就突破 100 万颗。

初战告捷并没有让曾毓群等人沉醉，他们始终依靠清晰的头脑持续深入推进。比如蓝牙耳机内置电池挑战成功了，能不能继续扩大范围，做出其他电子消费产品的储能设备呢?

依据当时电子消费产品的流行形式，ATL 很快就锁定了 DVD。仅一年时间，也就是 2002 年，内置锂电池就首次应用于便携式 DVD。这不但让 ATL 实现了整体盈利，也让年轻的 ATL 在全球代工厂家行列中崭露头角。

曾毓群曾说："企业发展就像跑马拉松，你不能歇着，要一直有目标。"第三个目标是自己出现的，那就是某家的 iPod 电池定制任务。

2003 年，MP3 和 MP4 正在兴起。某家 MP3 产品畅销全球，深受大家喜爱。但因为电量续航问题，比如充很长时间电，却只能使用三四个小时，让这家的 MP3 产品也遭到诟病。为了解决这一问题，这家企业四处寻找高质量的电池生产商，最终找到了 ATL，希望他们能够帮忙生产一款体积小巧、电池容量大、能长时间续航的电池。

要知道，电池开发的难度很高，成本很大，而且对方是全球知名企业，国际知名商家都无法为其提供满足其需要的电池，新生的 ATL 能够做到吗？先不说 ATL 技术储备欠丰厚，很难保证开发出合格的产品，就是顶着风险开发了产品，如果达不到对方要求，不但会血本无归，也会引发行业的不满。

问题确实存在，决策也是要做的，曾毓群、黄世霖没有被这些问题吓破胆，而是从技术角度提出接受这一任务。在他们看来，没有敲不开的门，很多看似 impossible 的事，本质上应该是 possible 的。

曾毓群后续在某次企业内访中表示："在 ATL，我也从来没有感觉到有'万事俱备'的时候，我们的发展就是和大家一起去挑战一个个不可能。不要对自己设限，把不可能变成可能才是成功的真正奥义。"

利用自己刚刚开发成功的不鼓包的电池技术，结合这家公司提供的电池生产方案，曾毓群等人很快研发出样品。电池的充电速度和续航等各项指标基本上满足了这家企业的要求，只是在空间方面，两者进行了深入交流。

当时流行的是圆柱电池和方形电池，与对方所给予的空间不匹配。曾毓群率领公司的研发人员刻苦攻关，最终为对方开发出了聚合物异形锂电池。异形电池主要特征是形状不规则，能够根据对方所提供的内部安排来设计形状，从而实现空间最大化利用。

这项技术听起来容易，但做起来很难，制造工艺很复杂。因为形状的多样性，导致它无法采用传统的卷绕工艺，需要借助叠片或者相应的工艺，而且还涉及异形模切等。研发团队不断发现问题、解决问题，最终生产出能够满足对方的作品，也为 ATL 拿下了 1800 多万件的电池订单，是 2001 年 ATL 总产量的 18 倍。

是的，这家知名 iPod 企业就是苹果。此次合作，不但使 ATL 提高了知名度，也为后续 ATL 为苹果智能手机 iPhone 提供电池、进一步进入苹果供应链打下了基础。

连续的胜利，让研发团队进一步展开探索，这次他们将目标聚集于笔记本。业界普遍在 2007 年才认识到笔记本在电池领域的价值，但 ATL 在 2004 年甚至更早就已经注意到了。与手机使用单个电池芯不同，笔记本需要 6～8 颗电池芯并联或串联使用。想要保证几个电池芯同时工作，对电池的容量、内阻、电压，特别是安全性、一致性等指标提出了更高要求。如果一致性不好，笔记本在使用过程中就会有发生爆炸的危险，而且电池寿命也会缩短。

以曾毓群为首的 ATL 研发团队向"勤"字要成果，通过不眠不休的努力，有力地保障了笔记本电池的安全性和一致性，并将成果应用到笔记本电脑。

此时的 ATL 已经成为锂电池的"黄埔军校"，其产品为质量保证。在充电宝、手机等自燃问题频发之时，很多厂商甚至通过"电芯是 ATL 的"来证明自家产品的价值。

2007 年，成为 TDK 全资子公司的 ATL 接到了 ATL 苹果智能手机 iPhone 的订单，成为 iPhone 电池供应商。有苹果的加持，加上当时 ATL 给出的电池报价是韩国报价的一半，而自身容量又扩增了一倍，其以良好的性价比吸引了国内手机厂商的注意，相继与三星、华为开展业务，合作成为三星、OPPO 等头部手机企业的供应商。从业务规模上来讲，此时的 ATL 已成为全球第一的聚合物锂电池供应商。

　　一步一步稳扎稳打，让 ATL 成为与"比亚迪""比克""力神"齐名的电池行业四大天王之一。当时中国人工费用只有日本的二十三分之一，整体生产成本普遍低于日系企业总体成本 30% ～ 40%。锂电池的生产线也是"精密部分全自动 + 其他部分人工的柔性方式"，形成了较大的成本优势。凭借这一优势，国内锂电池生产企业迅速抢占市场，取代索尼、三洋等品牌，成为了摩托罗拉、苹果、诺基亚主流手机的供货商，甚至逼迫东芝于 2005 年退出电池领域。

　　短短十年，中国锂电池行业从无到有，院士、企业家连续接力将锂电池进行量产，并逐步解决了量产过程中的卡脖子问题；立足电池领域，助力中国完成从"中国制造"到"中国智造"的转型升级，在全球市场上也拥有了与日、韩等知名品牌平起平坐的地位，形成了三足鼎立的格局。

专注于技术：成功的不二法门

在曾毓群的"老对手"比亚迪总部六角大楼内的专利墙上，挂着"技术为王，创新为本"八个大字，这也是比亚迪对技术有着狂热执念的最好体现。在曾毓群、王传福奋斗的年代，也正是中国经济体制改革的时代风口，这两位同行不约而同地选择了一条路：专注于技术，专注于创新。

曾毓群曾在宁德时代团队企业影像中公开表示："作为高科技企业，想要较好地发展，其实有三个重要的方面：第一是一定要一直保持科技领先，第二是维持卓越运营，第三就是对客户的服务。其中，科技上的持续领先领跑是最重要的因素。"秉持着技术创新的责任感，曾毓群在创业的每个关键节点，都通过坚持专注于技术而度过危机，迎来转机。

在 ATL 创建之初，另辟蹊径的曾毓群，没有选择日本企业采用的方形或圆形的硬包电池，而是选择了做软包电池（聚合物软包电池）。虽然舍弃了更利于规模化生产的便利，却获得了更大的安全性。在解决了电池鼓包的问题后，更是能根据不同厂商需求定制不同形状的电池，灵活性很强。

在全国猛攻磷酸铁锂的同时，曾毓群率领团队开始攻克高能量电池，并且以多次研究试验缓解了高能锂电池自燃的问题；在全国认为磷酸铁锂电池成为电池发展主流的时候，曾毓群及其团队又进一步意识到，"未来未必是锂电池，也有可能是钠电池"，由此，开始了新技术的攻克。相关数据显示，到 2020 年为止，宁德时代相关的专利近 3000 余项，里面有 348 项为境外专利。此时的宁德时代已经拥有 5592 名研发人员，研发在营收中占比达 7.09%。

与之相反的是，在曾毓群及其团队花大量人力、物力、财力进行技术攻克的同时，也有些企业通过学习已经边缘化的技术，生产了一些动力电池或者汽车。他们也依靠国家的补贴政策，取得了短暂的利益，走向了不同的发展之路。

这样的不同选择，在后来见到了分晓。

2016 年前后，国家补贴政策改变，很多家电池生产企业倒闭。所以说，在产业升级期和扩张期，前期专注技术的企业会借着"东风"发展壮大，而中低端缺乏核心技术的设备生产企业将处于被动地位，被产业浪涛所吞噬。

技术永无止境，靠着技术脱颖而出的宁德时代，虽然技术上已经领先行业，却始终没有放慢前进的脚步，持续依靠专注和技术出圈，实现重大突破。比如，实现了首家推出量产的小绿圈以及闪充技术；而且还曾研发出全球寿命最长的电池并将其投入晋江储能电站使用……

因为他们清楚，技术不来源于一朝一夕的创新，而是经年的积累。就像现在的宁德时代，就无法与日本索尼叫板。因为专注于技术的本质是，要形成核心技术。而核心技术形成需要数年、数十年乃至数百年，欧美、日、韩等发达国家肯定不会将花费众多的核心技术拱手送给他人。别人不给，我们就自己学、自己创。这一时代背景赋予了这一代创业人新的使命，那就是利用自己的专业特长，专注于技术，奋勇直追，打造中国的核心技术。

技术需和创新并驾齐驱，专注于技术的同时，也要注重以符合时代的创新为导向。如何提升创新能力，曾毓群给出的公式是练好基本功、富于想象力，这样就可以不断地有创意创新出来，从而让自己在技术上领跑世界。

创新必须基于现实的理论和实践，基于社会所需。在产业发展过程中，宁德时代将坚持创新为主，立足中国科技实际，建立健全供应链上下游协同体系。依据时代所需，应用行业先进的设计理念，研究出客户需要、性价比高的产品。

电子产品的性能优化，主要来源于材料，一个企业想要在产品上获得突破，需要在材料性能上大做文章。具体来说，通过自身对电化学材料的了解，深入材料微观机理，利用已经使用和将要使用的各项技术，开发高性能材料的材料体系创新。

在材料创新方面，宁德时代关注"高容量"和"高安全"的平衡，利用自身积累的电化学技术，通过材料筛选、解码和改造，比如普鲁士白的使用等，高效地探索具有更高性能、更可靠和更具性价比的电化学材料体系。

人类对电子产品的需求除了高容量，其次就是高寿命。宁德时代利用CTP、CTC等方式，比如基于长寿命电芯技术，以及高效的液冷CTP电箱技术等来推出产品，其安全性、经济性等各项指标行业领先。当然，当前宁德时代的产品并非完美，只是随着电芯技术的发展，也正是通过一次次的系统优化，宁德时代现有的电池系统才能具有能耗低、高效率、成本低的特点。

其次是满足不同人群的需求。宁德时代致力于打造灵活、高效、低成本、高质量、自升级的极限制造创新。这是宁德时代对自己提出的标准，在前方没有指导者的时候，唯有实现如上几个维度的平衡，才能让自己的创新有方向，创新有实际应用。这也让宁德时代的业务分类不断细化，市场也悄悄地走向海外。

最后是基于行业发展来降低成本。宁德时代通过打通从原材料、电池制造、运营服务、材料回收全产业链环节的商业模式创新，实现了高效率、高性能、低成本的产品。

这种专注于技术的优良基因，富于创新的发展意识，让宁德时代在技术创新上，构建了四大创新体系，其中三个体系都与技术紧密相关，以此让技术发展更成体系、更可持续。

专注技术领先和专注创新就像是鸟的双翼，二者互相平衡，缺一不可。这就是曾毓群的理念："身在高科技领域，一定要保持自身科技领先""持续推动技术先进性，快人一步"。兼具两者的宁德时代，相比于寻求单点技术突破的多数动力电池厂商，获得了更多和更强的持续进化的能力。

划赛道，提前布局动力电池

《荀子·非相》中有云："以近知远，以一知万，以微知明。"这句话写尽了先觉者的超前布局能力。事实上，面对社会热点，平庸者往往一哄而上，却早已错失良机；而有远见者总会未雨绸缪，占得先机。

20 世纪 90 年代，日本第二电信的创始人稻盛和夫在欧美向其提供高新技术时，就曾想："如果有一天这些发达国家不为我们提供高新技术了该如何？"并因此主张自主研发，最终避免了别人突然收回辅助时造成的倾覆之祸，从而打造出世界五百强企业。

小米创始人兼 CEO 雷军有句名言："站在风口上，猪都会飞。"但身为企业领航人，我们一定要想想："如果台风走了后，猪的下场会如何？"

可见，远见是未来之见，是认清当下后让未来更加清晰化和现实化。而有远见卓识的人，都会居安思危，更会超前预见，快人一步地完成关键行业的布局。

有远见的曾毓群十分清楚："进入守望、舔舐成功果实的那一刻，就是企业衰退的开始！"因此，在"抓什么做什么"战略推进让 ATL 迎来高光时刻之时，他并没有停滞不前和失去方向，而是和同伴们持续找风口，向前走。

曾毓群和同伴们对电动汽车关注已久。早在 2001 年电动汽车被列入"863 计划"12 个重大专项之一时，"中国锂电第一人"、中国工程院院士的陈立泉，向时任"863 计划"电动汽车重大专项负责人万钢提出一个请求："希望能给锂离子电池一个机会。"最终，陈立泉院士成为"863 计划""七五"储能材料项目负责人。

一年后，也就是 2002 年，曾毓群在工作之余考取了中科院物理研究所凝聚态物理专业博士研究生，师从陈立泉。而看似顺利的读博经历，背后是陈棠华的大力推荐。

为了攻克技术，陈棠华想尽办法和中国最顶级的电池技术研究机构和专家取得联系。其中最重要的联系，是和中国科学院物理研究所的陈立泉研究员成为了至交。

1999 年，ATL 还没成立时，陈棠华就邀请陈立泉参加 ATL 成立的论证会；在 ATL 做电池试验的时候，陈立泉提供了至关重要的技术改进方案。可以说，陈立泉在 ATL 的早期发展中，做出了极其重要的贡献。

当时，陈立泉还不是院士，但是陈棠华对陈立泉的水平有深刻认知，并请陈立泉为 ATL 公司培养两名博士。

那时候，中科院物理所还没有过招收在职博士的先例，但是在陈棠华的大力推动下，中科院和物理所最终都同意了这一要求。

虽然是开了这个先例，但是入读博士的相关考试流程及标准仍严格进行。事实上，当时陈棠华推荐了两位候选人，但只有一位通过了考试，另一位以一分之差惜败，无缘深造。

录取的那一名，就是曾毓群。也正是在他被录取的那一年，陈立泉当选为中国工程院院士，所以曾毓群成为陈立泉当选院士后的开山大弟子。

曾毓群读博，是陈棠华极富远见的一步。这不仅仅是让曾毓群能接触到世界最前沿的电池技术，而且，他和陈立泉院士的这种关系，也是日后公司发展的重要助力——要知道，陈立泉院士作为中国电池界的泰斗，对技术和政策走向洞察深刻。

陈棠华极富远见，曾毓群自然也不遑多让。比如在技术方面，在知名厂家选择磷酸铁锂电池时，曾毓群敏锐地感知到三元锂电池的前景；在众人追捧三元锂电池时，他又意识到磷酸铁锂的优势。可以说，这种敏锐和预见性在很大层面上助力曾毓群乃至宁德时代获得成功。

2004年，黄世霖开始涉足动力电池领域，他参与了粤港招标项目"汽车用动力型锂离子电池系统的研发和产业化"，这标志着ATL研发团队进军汽车电池的决心。在消费锂电池市场方兴未艾之时，能够想到涉足动力电池，提前进行动力电池航道的布局，以曾毓群为核心的ATL研发团队，其实力可见一斑。

在比亚迪顺着规划一路高歌猛进的同时，对公司无法百分百控制的曾毓群却屡屡碰壁。2007年，曾毓群进一步意识到动力电池的发展潜力，提出做动力汽车电池。这项提议得到了陈棠华和张毓捷的支持，但没有获得TDK的认可。

宝马集团此时也试水新能源汽车，积极在全球寻找电池供应商。作为苹果电池供应商之一，ATL自然也进入了宝马集团的考察范围。但此时ATL的母公司TDK从业务战略角度考虑，暂时没有投资动力电池的意愿，间接拒绝了宝马的订单。

2008年，北京奥运会在万众期待下如期举行，全世界都在瞩目中国。我国在新能源汽车领域也频频发力，通过政策支持以及财政补贴等方式鼓励大家进入新能源汽车行业，希望能够在这一领域后发先至，弯道超车。电池行业的春天到了，只是此时尚不属于曾毓群，而是王传福。彼时的比亚迪早已站稳动力电池赛道，获得了股神巴菲特的投资，王传福身价达到了350亿，成为福布斯榜中的中国首富。

身为打工者，曾毓群等人无法左右公司高管的想法。不过，这并不代表他们放弃了动力电池事业。相反，他对这一行业有所锁定，持续关注。为进一步涉足，曾毓群等人又动员张毓捷成立动力电池事业部，开展动力电池技术层面的相关研究，为后期发展积累了一定的实验数据。

这个项目让曾毓群进一步认识到打工和创业的不同，激发了他二次创业的想法。此时，深陷懊恼与无奈的曾毓群能否想到，坚持下去的自己，后来能成立宁德时代，并使它成为全球动力电池企业装机量排名第一，远远抛下了比亚迪，而他自己也成为业内名副其实的"宁王"？

第四章

创立宁德时代

宁德时代兴起于风云际会之际，成长于众人相助之时。加上他以动力电池为主营业务，拥有参与过国际知名品牌电池生产的经验，以及公司内部多名知名技术专家，让其迅速成为动力电池领域的 C 位选手，一出道，就受到众人的瞩目。

乡土情结浓，被"绑"回家乡

人杰地灵是古训，好山好水育英才。钟灵毓秀的地方环境造就一个个贤能之人，而杰出的人才也会让一地成为名胜。宁德的水土养育了曾毓群，而曾毓群的宁德时代，也让宁德声名鹊起。

宁德，俗称"大黄鱼之乡"，东与中国台湾隔东海相望，北接"丝绸之府、鱼米之乡"浙江，西邻福建粮仓南平，南接省会福州。1999年，中央政府决定将宁德撤县设市，2000年11月正式挂牌成为宁德市。

彼时，福建正处于产业结构调整期。2002年8月，福建省人民政府印发了《福建省2002—2003年产业结构优化升级指导意见》，指出电子工业是"九五"经济发展的主力军，并提出了2002—2003年产业结构调整的八项重点工作。其中，位居首位的重点工作就是强化技术引进、吸收和创新能力，提升电子信息业制造水平，鼓励各地政府充分利用各类机遇，通过强化服务、产业配套、以资引资等方式加快引进先进技术和资本，尤其是做好电子产业转移的承接工作。

在这一政策的引导下，宁德市也邀请了不少客商前来考察。但宁德毕竟是在2000年11月才设市，市政配套、交通环境和整体业态都较为落后，自然无法赢得客商的青睐，引来金凤凰。

2004年3月，钟家尧上任区政协主席，他注意到蕉城区招商引资的工作进展有限，暗自为没有招到大的工业项目着急。

这时，蕉城区政协委员吴培昆向他推荐了ATL。吴培昆之所以注意到 ATL，是因为自家儿子吴应明就在 ATL 工作，了解 ATL 是一个拥有上千员工的高科技企业，也清楚曾毓群、陈远太、林庆森、左允文、黄世霖等团队骨干都是宁德人。月是故乡明，相信这些宁德人的存在会有助于蕉城区招商引资工作。

钟家尧曾经在岚口村所属飞鸾镇工作，还与曾毓群做会计的父亲有过接触，一切都已水到渠成，只是还欠一个时机。不久，钟家尧便在厦门的一次企业家联谊会上遇到了左允文。左允文于 2004 年加入新能源科技有限公司（香港）集团，当时负责的是聚合物锂离子电池的技术、管理等方面的工作。

在左允文的牵头下，2004 年 12 月，钟家尧等一批政府人员来东莞考察，重点是邀请 ATL 骨干团队回乡创业，并给予了"要什么给什么，能给的都给"的承诺。当时，ATL 包括曾毓群在内的宁德籍员工接待了钟家尧等人。

"家乡始终是我的牵挂，希望能为家乡做点事。"曾毓群有回报桑梓的想法，也为钟家尧的提议动心。但一来，他只是 ATL 三大主要创始人之一，话语权有限；二来，此时的 ATL 因"比克电池成本更低"事件，自身也处于不稳定阶段，是以这件事情暂缓下来。

但在曾毓群内心深处，甚至在黄世霖以及左允文等人内心深处，振兴家乡的种子都已萌芽。曾毓群在后期曾为家乡做了很多事儿，包括修路、协助家乡成立管理培训基地和旅游接待中心、种植推广本地水蜜桃等。左允文则在某次采访时曾说："家乡需要更大的腾飞，而自己的企业也需要借助家乡发展的势头。这种机会千载难逢，把先进的企业带回家乡搏一把。"

2005 年，凯雷、汉鼎等三大投资商撤资，百分之百中国人创办的 ATL 成为了日资企业 TDK 旗下的全资子公司。在 TDK 的资金助力下，ATL 进一步发展，公司业务以数千万美元连年提升，知名度也持续增加，订单更是雪片般飞来。

2006 年，ATL 入驻东莞松山湖国家级高新科技产业园，并交出了年产 1.5 亿颗电芯的实绩。与之同时，千万部高端手机的电芯邀约订单也纷至沓来，ATL 进入发展的快车道。

2007 年，为了配合产能大幅增加的实际需求，公司董事会提出"二次创业"建设新能源千亿产业集群的想法，决定建设总投资超过 2 亿美元的生产与研发基地。曾毓群感觉时机已到，立即提出了在宁德建厂的想法。但这是一个超大项目，已有六七个省份在邀约争取，新能源科技有限公司董事长陈棠华的家乡江西南康也在其中。

与其他竞争城市相比，"八山一水半分田"的宁德经济体量小，GDP 常年位列倒数，信息产业发展较弱，没有集群效应。从生活角度来看，宁德没有五星级酒店，也没有外文报纸和电视等信息媒介，加上交通不便、基础设施不佳，让某些外籍专家对这一候选地不看好。

然而，宁德蕉城区政协委员钟家尧却十分看好 ATL，认为公司具有价值 3 个亿的潜在经济带动力。在 2004 年未能达成合作意向后，后续他又多次组织区领导去东莞参观访问。在得知该项目后，他又立即针对 ATL 所需，拟定出系列优惠优待政策，比如土地优惠、高级人才个人所得税减免、企业税收返回、帮助企业招工，以及某些专家可以享受当地厅处级干部才能享受的医疗待遇等。

管理层仍有反对意见，曾毓群认为："这一项目要考虑成本，并不需要在繁华地段。"加上闽粤高速通车，宁德进入动车时代，配套有所改善，于是曾毓群强调："宁德，我们是一定要去的。"

眼看事情进入僵局，直到一个人的出现才有了转机，他就是张毓捷。

2008 年，张毓捷加入香港新能源科技有限公司任副董事长，在"宁德投资办厂的可行性"成为他必须处理的议题。

接任之前，张毓捷并没有去过宁德，对这座城市也没有过多了解。为此，他亲自奔赴宁德，并肯定了这一候选地的价值。在他看来，"宁德是一座朴实、包容性很强、有潜力的城市"。

　　有了张毓捷的支持，事情成功了一大半。此间，曾毓群也反复多次劝说公司的人，只为促成这次合作。某位宁德内部员工在接受《棱镜》杂志采访时表示："Robin（曾毓群）是以辞职为要挟，把公司绑回来的。"曾毓群确实有较重的乡土情结，他很想为家乡做点事。作为商人，他清楚捐钱捐物只能养懒汉，只有搞出一个产业，才能造福桑梓，福泽一方。事后，曾毓群则认为"是家乡领导的诚意，独特的地理位置以及软环境创设，最终打动了公司的高层"。

　　在双方的共同努力下，ATL超2亿美元投资项目最终落户宁德。新能源科技有限公司在宁德开始了追跑、并跑、领跑的奋斗历程，并最终改变着世界锂离子电池产业乃至中国工业在全球的格局版图，同时也给宁德这个千年古城注入全新的发展动力。

人生第三次搏：开创属于宁德自己的时代

2011年，为更好地紧跟时代脚步、对接动力电池市场，也为了弥补"因资金问题卖掉ATL"的遗憾，在张毓捷的支持下，曾毓群、黄世霖、吴凯等人联手创立了宁德时代。这在当时，是一个非常了不起的决定。

要知道，这些人当时任职的ATL已经占据了世界第一的位置，在消费锂电池行业具有绝对的地位，公司也处于顺风顺水高速发展期，而且也已落户宁德。在8月8日，宁德新能源科技有限公司（ATL-N）的一期500亩主体工程厂房在福建宁德正式开业投产，新能源科技有限公司及TDK部分领导、华硕电子、德国宝马公司、美国苹果公司等合作企业高管都参加了剪彩仪式，场面空前盛大。身为高层管理者的他们，完全没有必要再筚路蓝缕地创业。

何况，当时很多因素未明，宁德时代的很多事情都处于画饼状态。可是，即使利害对比如此明显，曾毓群、左允文、黄世霖等宁德员工，还是从"科技报国"的初心出发，在家人的担忧和支持中，纷纷选择放弃稳定的高薪工作，在故乡宁德，以动力电池和储能为核心，开创了宁德时代新能源科技有限公司（Contemporary Amperex Technology Co., Limited，简称CATL），也就是后续被广为人知的宁德时代。

宁德时代成立于2011年12月16日，是一家以动力电池和储能业务为核心的高科技公司。与ATL-N为百分之百纯日资企业不同，宁德时代新能源科技有限公司是一家起初由ATL参股，但最终完全独立出来的百分之百中国人的公司。

可能有些人会混淆，"宁德新能源科技有限公司"与"宁德时代新能源科技有限公司"，名称如此相近，又都和曾毓群有关，两者到底有什么渊源呢？

首先，两者是两家不同的公司，主营业务也不同。ATL-N 作为全球最大的聚合物锂电池生产基地，主要生产苹果手机、笔记本电脑等消费锂电池。而宁德时代则主攻动力电池和储能产品。

其次，曾毓群在两家公司中作用不同。在 ATL，曾毓群是三大创始人之一，同时也是 TDK 集团的员工，在集团管理上处于沟通协调的位置；而在宁德时代，曾毓群等人负全责，即真正处于开创者的位置。

最后，是资金来源不同。虽然最开始宁德时代和 ATL-N 一样，都是 ATL 的分公司，但不同的是，ATL-N 是 ATL 全资子公司，而宁德时代则是 ATL 合资企业，即 ATL 占总股份的 15%。也就是说，两个公司的性质不同，一个是百分之百的外资，一个是中外合资企业。

总体来说，宁德时代是由曾毓群开创的真正属于他自己的公司。

当然，这是后话。在宁德时代成立早期，有一个有趣的现象，即曾毓群仍继续担任 ATL 总裁兼 CEO、董事及下属子公司的高管。这一身份，为两家公司互助发展起到了积极作用，更为宁德时代的腾飞奠定了基础。比如，在最开始运营阶段，宁德时代在一定程度上借用了 ATL 的品牌影响力，通过"技术骨干来源于 ATL"等，获得了客户的信任。此外，在专利技术方面，两者也互通有无。

而且不可否认的是，宁德时代是以 ATL 动力电池部（EVE）的团队为底，打造的技术人才队伍。宁德时代的技术骨干，比如黄世霖曾经是 ATL EVP 部门的领导人，吴凯是 ATL EVC 部门的负责人。此外，还有左允文、赵丰刚、项延火、胡建国等，他们均有在 ATL 或其下属子公司服务的履历背景。

可以说，在 ATL 的助力下，宁德时代走出了要客户没客户、要技术没技术、要人员没人员的尴尬境地，较快地实现了发展。后期，随着曾毓群的卸任和新能源汽车的风口到来，走向风口的宁德时代也开启了自己千亿能源帝国的创建之路，与ATL的关系也发生了一定变化。

2015年，ATL母公司TDK进行战略调整，将新能源汽车动力电池业务进行了压缩。10月份，在母公司战略推动下，ATL-N将所拥有的宁德时代15%的股权全部转让出去，主要是转让给了宁波联创。宁波联创创始者为裴振华，是一家中资企业。这一股权转让，不但后续让裴振华获得较大的盈利，也标志着宁德时代成为一家百分之百的中资企业。完成去ATL化后，公司名称也变更为"宁德时代新能源科技股份有限公司"。也就是说，ATL和宁德时代正式成为完全独立的两家公司。

在2017年3月，曾毓群辞去了ATL所有的职务，专心于经营宁德时代。此时，宁德时代和ATL业务往来逐渐减少。

2019年，新国标《电动自行车安全技术规范》（GB 17761-2018）开始实施，在一定程度上改变了铅酸电池的发展，也为曾经的铅酸电池销售巨头天能和超威带来挑战，行业格局有所松动。

曾毓群等人注意到这一变化，考虑到锂电池符合新国标相关要求，以及我国轻型电动车高达3.5亿辆以上的巨大市场容量，宁德时代决定进攻轻型电动车领域。最终宁德时代与ATL抱团发展，共同出资，以140亿元的初始资金设立电芯、电池包2家合资公司；并通过专利技术共享，来提升储能、电动两轮车等领域的中型电池的研发速度。

纵观ATL和宁德时代的合分和合作过程，我们不难看出两家公司地位的变化。起初，宁德时代是较弱的一方，需要ATL给予技术等方面的支持。后来宁德时代成为动力电池领域的专家。但商业以利益为主，纵横捭阖才是商者特色，两家成立合资企业就是明证。

最后，关于ATL和宁德时代的关系，曾毓群曾在某次会议上说道："宁德时代是由ATL的动力事业部独立出来的，目前是100%的中资公司，可是ATL跟宁德时代是联盟的关系。"

宁德时代的开创具有重要意义，能够在顺风顺水时期选择创业，足见曾毓群等人的胆色。至于为何这样选择，曾毓群 2016 年宁德时代新年致辞的话语可能对我们有所启示。当时他说："有人问，做得这么辛苦，人生的乐趣是什么？人生的意义是什么？我要说，克服困难，迎接挑战，并取得最后胜利，这就是快乐的根本、人生的意义。"

天时地利人和：电池时代的 C 位选手

　　宁德时代的登台亮相是曾毓群等人矢志不移奋斗的结果，也是天时地利人和等诸多因素加持的综合结局。

　　从天时方面来说，宁德时代的兴起与中国新能源汽车的布局有着千丝万缕的关系。2008 年，未来电动车霸主特斯拉 roadster 正式发售。与此同时，国内提高大排量汽车消费税率以及国家将对新能源汽车进行补贴的传闻开始流传。一时间，国内外都弥漫着一种新能源车即将全面取代燃油车市场的氛围。

　　奥运前夕，时任中国科技部部长的万钢在 500 余辆新能源汽车交车仪式上，现场进行了驾车示范，让大家看到政府对电动汽车的重视，也进一步确立了政府对动力电池市场的扶持。

　　2009 年 1 月，"十城千辆"项目启动，科技部公布了补贴计划"混合动力汽车每辆补贴 5 万元，纯电动力汽车每辆补贴 6 万元，10 米以上的电池给予 42 万至 50 万优惠"。一个个接续的行动，将新能源汽车的时代大幕缓缓拉开。

　　闻时代之风而动，将自己的研发和国家需求相结合是科技型企业的奋斗之路。在政策和资金的双向催化下，新能源汽车赛道空前火热，各种各样的新能源汽车项目落地。ATL 总裁兼首席执行官曾毓群，也嗅到了"电动汽车产业"即将到来的时代讯息，与其他人主攻新能源汽车不同，他瞄准了产业链深处——汽车的芯动力之动力电池领域。

其实，ATL 在 2004 年 6 月就启动了电动车电池研发，2007 年 5 月开始小批量生产，因此，曾毓群等人开创动力电池事业虽赶上了国家政策和资金的利好，但更重要的一点是，他们是这个领域的耕耘者，而不是追风者。政策和资金的支持让"全省、全国新能源汽车已经爆发式发展"。这一时代因素，只是加速了这一群人在这一领域的前进脚步。

一个企业想要获得成功，就必须懂得运用时机，来创造最大价值。宁德时代成立于时代需要之时，这为其后续乘风破浪奠定了重要的基础。

如果说"天时"为宁德时代的开创提供了必然性，那么 ATL 自身运营和管理情况则为宁德时代的开创提供了借鉴。

2008 年，随着曾在美国福特汽车公司从事电池研发及电动车产品设计的张毓捷博士成为 ATL 副董事长兼高级副总裁，ATL 动力电池开发工作进入全力运营阶段。在张毓捷的主持下，ATL 成立了专攻动力电池的 EVE 部门。在组织设置上，EVE 部门垂直管理两个子部门：一个是由吴凯主持负责研发电芯的 EVC 部门；一个是由黄世霖统率专攻 Pack 的 EVP 部门。这两个部门的成立，为后续公司宁德时代的成立奠定了人力、专业、组织基础。

最后是地利。2011 年，中国新能源汽车刚刚起步，很多地方政府注重在这一领域招商引资，基本上是新能源汽车链条上的相关产业，在土地、税收方面都能获得优惠甚至补贴，在企业发展阶段更是一路绿灯。

宁德政府自然也十分重视本地企业，但当时 ATL 主营消费锂电池，所受帮助有限。宁德时代则不同，在用地审核以及相关政策方面，宁德政府都给予了极大的帮助。为了帮助宁德时代迅速开辟市场，宁德市政府部门相关人员积极参与，带领宁德时代负责人拜访省内东南汽车、厦门金龙等福建本地企业，开展了汽车厂、客车厂的推销。

宁德市政府一方面助力宁德时代成长，另一方面也利用宁德时代打造宁德的时代。从2011年宁德时代创建开始，宁德市政府就以宁德时代为招牌，打造产业集群，积极招商引资。在多方努力下，共引进近70家相关配套企业入驻宁德，这些企业为宁德时代的发展又提供了便利，形成了良性循环，最终打造出锂电新能源产业集群。可以说宁德政府是为宁德时代的创立发展开启了地利因素。

最后谈谈催化剂。2011年，宝马准备推出首部纯电动轿车芝诺1E，为此，与包括曾经为苹果公司提供过电池的ATL在内的多家公司商讨动力电池合作的相关事宜。曾毓群等人很有合作意向，直到意识到相关政策限制：为了保护当时技术薄弱的中国锂电行业，国家2011年出版《外商投资产业指导目录》中规定，全资外资公司不能在国内生产新能源动力电池，身为TDK集团全资子公司的ATL自然包括在内。曾毓群是一个认准了就会拼命执行的人，为了获得宝马订单，曾毓群和TDK总部沟通后，决定采用股权转让的办法，将ATL的动力电池部门独立出来，成立一家中外合资企业。

当时，部分人提出了反对意见，在他们看来，宝马接触过很多电池生产厂家，而ATL只有为少量客车提供电池的经验，能否达到宝马的高标准是个问题。一旦这个订单没能达成，创建公司的费用及各类时间、机会成本都会沉没。

好在接任陈棠华成为ATL董事长的张毓捷支持这一项目，不但推动电池研发部独立，还以ATL入股15%的方式，协助曾毓群成立了宁德时代新能源科技有限公司（Contemporary Amperex Technology Co., Limited，简称CATL，宁德时代），并任命曾毓群为部门董事长，黄世霖任职总经理。伴随着宁德时代创立，大规模制造车规级动力电池的大门逐渐打开。

宁德时代兴起于风云际会之际，成长于众人相助之时。加上它以动力电池为主营业务，拥有参与过国际知名品牌电池生产的经验，以及公司内部拥有多名知名技术专家，这让其迅速成为动力电池领域的 C 位选手。它一出道，就受到众人的瞩目。面对赛道拥挤的动力电池领域，宁德时代会为我们带来多少精彩，大家拭目以待！

天上掉馅饼：宝马找上门

正如成为苹果供应商，让 ATL 成为行业标杆一样，拿到宝马的电池供应订单，也让宁德时代步入了发展的快车道。

曾毓群曾说："我很少遇到万事俱备的时刻，但遇到困难一起解决困难，才能实现发展。"虽然从各方面来看，宁德时代赢面不大，但没有敲不开的门，没有拿不下的订单，曾毓群等人还是接下了这次任务。

一家新生的企业，对接国际高标准的厂家，这无疑又是一场赌注，赌赢了，拿下宝马订单，赌输了是时间、技术乃至人力成本的沉没。最终宁德时代选择了接受挑战，向成为宝马的战略合作伙伴发起冲击。

曾毓群和宝马集团公关部电动车项目组负责人威兰德·布鲁赫有较深的个人友谊，但芝诺 1E 是宝马的首部电动车，电池又是车子的核心部件，所以对于是否与宁德时代展开合作，宝马还是要看宁德时代能否拿出让他们满意的电池产品。

客户需求就是使命，宁德时代丝毫不敢怠慢，在宝马尚未提出或者明确自己真正的要求时，他们就开始评估其需求，为其提供解决方案。华晨宝马对宁德时代的方案进行了严格评估，发现宁德时代的几条标准做得很好，初步产生了一定的合作意向。

但产生合作意向并不代表争取过程的结束，而是另一场考验的开始。毕竟想要成为宝马这类国际一流企业的供应商还要经历一套非常严格的认证流程。

首先是产品技术实力。当时中国动力电池生产技术总体水平较低，相较而言，脱胎于 TDK 的宁德时代在消费电池领域具有较为丰富的技术经验，同时曾毓群等人还开辟了聚合物锂电池技术。另外，曾毓群经过多年的潜心研究，解决了一个关键技术：电池在大功率快充时由于电解液配方问题，容易造成电池中的隔膜烧蚀，导致电池起火爆炸。曾毓群经过苦心研究，改进了电解液的配方，并应用了新型的隔膜。这个突破让汽车的大功率充电不再是将锂电池挡在车用领域之外的"拦路虎"。磷酸铁锂之外的另一条技术路线——三元锂电池也突破了，三元锂电池相比磷酸铁锂电池的优势是能量密度更大、重量更轻，能大幅提高电动汽车的续航能力。这项技术的解封，意味着一直困扰比亚迪的磷酸铁锂电池续航不足的劣势从此被绕开了。综上所述，宁德时代具有一定的技术实力。

其次是环境工业标准。宁德时代注重打造国际一流生产线，引进了世界级的视觉检测系统，实现了材料搬运、铝箔压制等工序 100% 自动化、数字化和智能化，而且车间十分注重防尘工作，符合相应的环境工业标准。

最后是商业道德、工作条件和人群等。华晨宝马等负责人认为，曾毓群等人曾服务过苹果手机，知道如何与国际型企业对接。

但不得不说，宁德时代虽有一定的技术实力，但毕竟是一个初创公司，要生产出合格的新品，技术上还远远不够，故初期产品并没有达到对方的预期。最终，宝马愿意给宁德时代一个机会，将其视为潜在合作伙伴，给了多达八百页的德文电池生产标准。

潜在合作伙伴存在两种意义：可能会达成合作，也可能不会达成合作。

只要有一丝机会就不放弃。曾毓群感激宝马不急于让宁德时代立即生产大批量的电芯，也感谢宝马想要将他们培育成长期的战略合作伙伴。事实上，在这款电池研发过程中，宝马确实帮了很多忙。首先是人才支撑方面，宝马在内部调动了相关资源，派出内部电动车和电池方面的优秀人才专家团队，与宁德时代的攻关小组共同组成联合开发团队组成专家团队，共同攻克技术短板。

为快速研发出电池，一位宝马的高级别工程师曾被外派宁德两年，也有部分宝马工程师提前退休进入宁德时代参与这一项目。双方团队一起解读动力电池生产标准，建立和完善工艺流程，为满足宝马电池标准和要求而奋战。

与优秀的人在一起，你也会变得更优秀。宝马集团的高质量要求和生产压力成为推动宁德时代不断获取新技术、提升产品质量和品牌影响的核心因素，最终曾毓群达到了宝马递来的 800 页技术文件要求，用两年攻克了车规级电池。

在研发过程中，为了解决三元电池过充问题，团队进行了 20 多次实验，一遍遍地设计、模拟、测试、推翻，终于实现了国内电池颠覆性突破。

举个例子，在续航里程中涉及循环寿命，宝马集团提出要做到 1 万次循环寿命；但当时大部分企业只要求 2000 次，最多不过 3000 次，这些循环次数已经够用了。虽然这个条约不符合当前实际，但是曾毓群等人认为作为企业家，客户的要求就是你前进的方向；于是联合实验人积极攻关，通过数夜不眠不休，切实做出了循环 10000 次的电池。

当他们把作品递给德国人时，对方也呆住了，可能他们也没有想到竟然有企业真的能把循环寿命突破万级。宝马集团用了一段时间测试了宁德时代的电池，认为质量符合预期，与宁德时代签订了合作协议。宁德时代在冒着巨大风险投资后，最终获得了丰厚的回报，成为了宝马集团在中国的首家电池供应商，开创了国内第一。

这款电池被用在华晨宝马旗下第一款纯电动车芝诺 1E 上。作为首款纯电动车，芝诺 1E 生产数量很少，并且采用的是单纯出租的方式，续航也只有 150km。但对于宁德时代来说，这次合作意义非凡。

在全球级别企业宝马集团的主导下，宁德时代高水平、高标准地走完了动力电池研发、设计、开发、认证、测试、应用的全流程，正式进入了动力电池领域。

巨头铺路，驶上超车道

如果以"宁德时代新能源科技有限公司"为关键词进行搜索，会发现在 2014 年前，关于这家公司的信息寥寥无几，只有几篇关于产品研发的信息存在。事实上，在 2014 年以前，宁德时代正处于研发和线下打拼阶段。

2011 年，企业刚成立不久，关于企业如何运营，宁德时代内部出现了两种意见。

当时动力电池已经商业化的技术包括磷酸铁锂和三元锂。与三元锂相比，磷酸铁锂技术不但安全性能高，价格也较为便宜，唯一的缺点是电池容量不太好。三元锂电池能量密度高，容量大，不过存在易燃易爆问题。当时中国的动力电池技术在世界上没有竞争力，只能依靠性价比取胜。考虑到这一点，当时动力电池的生产商家如比亚迪都在使用低成本的磷酸铁锂技术。

是跟随当时比亚迪的脚步，在成本低、性价比较好的磷酸铁锂上刻苦攻关，还是继续在锂电池领域有所突破，宁德时代内部展开了激烈的讨论。

"磷酸铁锂研发技术成熟，也是当今市场需求的主流产品，公司应当以磷酸铁锂为研发重点。"公司内部大部分人认为，宁德时代也应该继续生产磷酸铁锂电池。当时，黄世霖带领团队研发了三元锂电池，但安全性方面尚未有所突破。因此，黄世霖也建议曾毓群先使用磷酸铁锂技术。

但曾毓群却认为磷酸铁锂的优势在于价格便宜，但低成本扩张战略不适合公司的长期运营，也与消费者未来的消费预期不符。在曾毓群看来，一家企业要为消费者提供符合消费预期的性价比产品，而不是低价的产品。在充电桩尚未铺开的时刻，新能源汽车续航将是消费者较为头痛的问题，也是产业未来发展的重点。在比亚迪一骑绝尘的时代背景下，作为后起者恐怕很难超越它。毕竟后发先至者是少数；而且想要快速抢占市场还得找到自己独特的卖点。考虑到远途运输的实际，曾毓群主张以三元锂电池为重点，带领团队在能量密度大、续航更久、成本相对较高的三元锂电池上押下重注。他还鼓励初创团队："一起拼一把，大不了从头再来。"也正是这一决策，导致宁德时代和比亚迪在动力电池领域出现了差距。

在曾毓群的带领下，宁德时代选择以三元锂电池为研发重点，持续在安全性能方面攻关。最终在宝马工程师的带领下，宁德时代成功突破三元锂电池容易自燃的问题，打造出自己独一无二的拳头产品。

在安全的三元锂电池研发产出前，也就是 2012 年左右，宁德时代在当地政府的助力下获得了厦门金龙客车等车企的订单，勉强维持运营。

2012 年，华晨宝马想要为旗下首款电动车芝诺 1E 寻找合适的动力电池供应商。当时曾经看中了一家国企，但在供货能力和产品质量方面未能达成一致意见，于是找到了曾经为苹果制造电池的曾毓群。

2014 年，配备宁德时代的宝马芝诺 1E 正式投入运营，也就是在那个时候，名不见经传的宁德时代开始进入了行业内部人的视线，大家渐渐知道宝马这家全球知名国际车企中首家中国动力电池供应商就是宁德时代。

有了宝马的背景，敲开其他整车生产商的门变得相对容易。2012 年，除了乘用车外，宁德时代决定进入商用车动力电池领域。秉持着一贯的高目标、高定位原则，宁德时代选择了中国或者说全球客车行业的No.1 宇通客车作为合作对象。

宇通客车自身有很多电池供应商，但还是被宁德时代的全球车规级别的电池产品所打动，将其作为重点合作产品。在与宇通客车签订协议后，宁德时代立即铺设生产线，投资 50 亿元在西宁市南川工业园区建设了"西宁基地"。西宁基地主要是生产动力及储能锂电池，年产量为 5GWh。

除了宇通客车这位新朋友外，在宝马供应商光环的笼罩下，宁德时代朋友圈还在持续扩大，先后接到了奔驰、大众等国际知名品牌和蔚来、小鹏等国内造车新势力的订单。2014 年，宁德时代与吉利，以及中国第一家获得新能源汽车制造资质的湖南中车时代建立供货关系。截至 2015 年，宁德时代电池出货量已达到 2.43GWh，仅次于日本松下和国内的比亚迪，当时排名国内第二，全球第三；但是从发展势头上可以看出，宁德时代已经驶入了动力电池发展的快车道。

除了动力电池频频发力外，在另一主营业务也就是储能领域，宁德时代也实现了突破。宁德时代参与的国家招投标项目也是当时全球规模最大的风光储输示范工程——张北储能项目如期完成，并获得了政府的认可。2013 年，宁德时代与国家电网旗下国网综合能源服务集团成立 2 家储能合资公司。2014 年 1 月，宁德时代投资 75 亿元建立的子公司青海时代投入生产，预估能为宁德时代提供 15Gwh 产能。

订单的增多，也为宁德时代带来了新的问题，主要就是专注生产还是专注研发的问题。要知道当时在国内锂电池公司超过 1500 家，而车企对动力电池质量参数不挑剔，补贴政策对电池的续航里程也只有几个参数要求，部分人认为要趁政策东风，积极扩大产能，多获取补贴，以免因技术研发错过政策东风，或者错失攻占市场的先机。

曾毓群等人则认为动力电池不是一个赚快钱的行业，而是一个拼技术、需要长期研发积累的行业。获补贴、赚快钱这种行为有害产业健康，不利于行业发展。他再次鼓励大家秉持"大国工匠精神"，遵循新车 48 个月的开发周期的研发规律，真正用质量、技术服务来把产品做成一个世界级的产品。事实上，某位宁德时代早期投资人在《晚点 Late Post》中指出："在早期，宁德时代团队就把公司定位和规划想得很清楚——成为新能源汽车电池领域的国际引领者，是他们一直以来的奋斗目标。"

在成为宝马供应商后，也有人邀请曾毓群加入整车领域，但他却十分谨慎，"没有能力，我先做好一件事情就好了，起码五年以内不会去想这个事情。因为我们没有能力，我们用有限的能力资源，把这一件事情做到世界最好，也是一个贡献。"

不过分求钱、求大、求快，只是想立足自己擅长的区域，把电池技术做好，把运营做好，把客户服务好，同时为国家、社会培养一批世界级专业人才，做出自己的品牌，做成一个世界级、长久的企业，做成国家制造行业的基石，这就是一代企业家的初心。

宁德时代不像公司，更像研究机构

在新能源汽车井喷式爆发时代，动力电池持续处于供不应求的状态。为此，小鹏电动车的创始人还曾直接前往宁德要货，可见生产任务有多么紧。订单量大，任务重，自然就让加班成为常态。事实上，不只是生产工人，连黄世霖、曾毓群等管理者也常常超时高负荷工作。曾有内部人员发表感言："看着其他员工都在加班加点，自己提前下班都觉得不好意思。"

很多人说，在宁德时代，你能拿到高薪，但是也要承受"896"的工作模式，就连较为清闲的仓库部门也不例外。但很多留下来的宁德员工认为："留下来的就是志同道合的。"而且很多经理级别的员工也认同了这种文化，因为他们清楚"在高科技公司，没有效率就不会再有订单""宁德时代是整个锂电界最讲求效率、最具有拼搏精神的公司，没有之一"。

在忙碌的大环境下，有些部门相对能过正常节奏的生活，那就是实验室，具体来说是材料合成实验室、分析与测试实验室、综合实验室这三个部门。在其他员工看来，这三个部门的研发人员就是公司最幸福的人。

而实验室工作人员之所以能够成为众多员工羡慕的所在，与曾毓群的认知以及他对人才、对科技的重视不无关系。曾毓群始终认为：宁德时代成功在于选对了赛道，目前自家企业还有很多不足，实力也仍旧不强。为此，宁德时代强调奋斗者文化，持续增加研发投入。事实上，2017 年，曾毓群在研发经费上的投入就达到了 16 亿元，研发团队中博士有 120 多人，硕士更是破千。

一个高科技公司，为何会如此注重研发？

最重要的原因是产品特性的要求。曾毓群始终认为："电池是危险品，宁德时代要做的就是不断更新技术，尽可能地生成安全电池。"何以更新技术？靠的只能是研发人才。

还有公司发展路线的选择。在创业之初，曾毓群就摒弃了低成本扩张路线，确定了"建立世界一流企业"的发展目标。建立世界一流企业，就需要关注客户满意度。在他们看来，低价不是客户最满意的行为，而是公司生产的产品能否帮客户赚钱，能否让客户的产品在市场上体现出竞争力。

如何让客户体现竞争力，你得给他们提供"人无我有，人有我优"的产品，这就要依赖科技，公司必须在科技上领先。

在某次会谈中，曾毓群公开表示："我的经营理念是作为高科技公司，第一，技术方面一定要领先。"事实上，不管是在新科电磁厂工作期间，还是在 ATL 创业期间，抑或是现在的宁德时代，技术制胜一直是曾毓群的法宝。诚然，在高科技领域，如果技术不领先，就不能形成产品区隔，也不能形成产业的优势。曾毓群等人重视技术追求，对产品的能量密度、循环寿命、可靠性、安全性有着高要求。除了技术上精益求精，宁德时代也注重打造自主专利产权，积极引领国产化。目前，宁德时代设备国产化率是 86%，材料是 88%，带动了产业发展。

谁能助力宁德时代实现这一点呢，自然是科技人员。这也是强调科技制胜的曾毓群在公司管理中优待研发人员的原因。曾毓群曾多次表示"人才是企业的核心竞争力"。为打造"世界级企业，培育世界专业人才"，实现技术上的迭代创新，曾毓群制定了"揽才""留才""育才""用才"的"四才"计划。

首先是揽才。宁德时代十分重视人才引进工作，曾网罗了大批国际化人才开展国际化业务。如曾毓群通过企业博士后科研工作站以及产学研等项目，引进了博士 75 人，硕士 542 人，硕士以上的海归 34 人，构建自己的人才队伍。后来又进一步扩大研究团队，汇聚 20 多位具有留学经历的博士、100 多位国内院校博士和 900 多位硕士等创新人才，从事技术方向探讨和产品研发工作。

其次是留才和育才。宁德时代通过不低于行业前 20% 的优厚的工资待遇，和较高的科研激励制度，较为宽阔的研发平台和完善的人才晋升机制来留住人才，成为了业内佳话。就连红杉资本的创始人沈南鹏，也曾调侃曾毓群，如何请得动远在美国的教授出山？

最后是用才。在公司运营初期，曾毓群就曾投入 7000 余万元购买科研设备；每年拨出 5000 万元以上的科研经费，助力各位研究者进行研究开发；并联合清华大学以及相关众多知名学府，开发了"汽车用动力型锂离子电池系统开发和产业化项目"。对人才的重视，在一定程度上形成了宁德时代的科技竞争力；对人才的优待，也让宁德时代拥有了独特的特色。这也是为什么某些宁德时代的研究人员表示："宁德时代对研究的重视不像公司，而更像研究机构。"是啊，正因为曾毓群本身也是博士，清楚研发的重要性，了解研发工艺和方向，所以才会如此重视研发人才。此外，一些在别家公司看起来根本没有可能通过的研究方案，在宁德时代就可以轻松通过。

不像公司而像研究机构，这是宁德时代源源不断推出新产品的重要原因，也是动力电池能够赶超日、韩的重要法宝。以人为本，重视人才，这些人才也成功地为曾毓群的宁德时代开辟出了"人无我有，人有我优"的产品，助力宁德时代在全球争雄中开疆辟土。

第五章

宁德时代迎来高速发展

事实上，白名单释放的这波红利几乎都归了宁德时代，让它从一个中等企业成为了动力电池出货量全球第一。

白名单助力

21世纪初，随着城市化进程进一步加快，我国对能源需求量与日俱增，已经成为全球能源消费大国。与之不匹配的是，我国自身化石类能源储备有限，多数依赖进口，加之价格易受多种因素影响，在全球变局频发的时代，国家能源形势日益严峻；而且在核心技术掌握在欧美发达国家，燃油汽车技术壁垒较高的前提下，我们很难在全球竞争中突围，只能另辟蹊径。

在这一背景下，新能源汽车作为智能化应用的终端产品，逐渐显示出自己的环保和后发优势。

科技领域，只争朝夕，我们必须及时开跑，才能先发制人；一旦慢一步，就会像燃油汽车一样，遇到车企、供应链构筑的专利墙、品牌墙这样的事情，给国内汽车产业带来不利影响。

2000年，万钢向国务院提出"开发新能源轿车"，实现中国汽车工业跨越式发展的建议，受到科技部、经贸委领导重视和支持。2001年，万钢被科技部聘为国家"863计划"电动汽车重大专项首席科学专家、总体组长，构建了"三纵三横"技术研发体系。

2008年斯特拉推出Roadster，同年，万钢在奥运会期间试开了交付的500辆电动汽车。

2009年1月，国务院审议并通过了《汽车产业振兴规划》。2010年，新能源企业正式成为七大战略新兴产业，新能源汽车产业上升到国家战略高度。"十城千辆工程"以及2010年《私人购买新能源汽车试点财政补助资金管理暂行办法》推出后，新能源汽车迎来发展高潮。

2010—2014 年全球新能源汽车市场高速增长，中国增速尤快，于2014 年达到 7.48 万辆，占全球保有量的十分之一，已经赶超日本，成为新能源汽车保有量第二的国家，仅次于美国。但在新能源汽车背后，处于其上游的动力电池产业却仍待开发。

不过，此时的电动汽车补贴后售价也为十万元左右，但续航水平只有 150 公里，用户认可水平低，整体处于虽有产品但没有市场的尴尬境地；而且由于行业本身在电动汽车安全方面的研发落后、电池生产标准存在缺口、部分没有资质的企业盲目冒进、安全问题不受重视、产业链不完善、电池管理等方面尚未形成规范，再加上存在某些为了补贴而造车的企业，整个行业乱象丛生。

电池、电机、电控是发展新能源汽车的三大核心技术，其中，电池是电动汽车的心脏，电动车领域的乱象以及在推广应用过程中遇到的各种问题，归根结底还是电池问题。意识到这一点，大家愈发重视动力电车之芯——动力电池。

但国内电池领域技术处于低端，当国内动力电池企业只能将 18650 电芯容量做到 2200mAh 时，松下已经做到了 3100mAh，技术差异决定了国内电池企业很难在全球电池市场立足。

与之相对应的是国外电池巨头纷纷入驻中国。三星 SDI 环信动力电池公司在西安竣工，LG 化学在南京的动力电池工厂落成，并取得了大量订单，却使得国内电池企业的竞争空前加剧，包括海霸、今明阳等在内的三四十家锂离子电池企业相继破产、倒闭。

在这一时代背景下，很多有识之士都认为"继续这样下去可能会毁掉一个行业"，希望有资质的企业去做动力电池，做好动力电池。国家发布了《国务院关于印发节能与新能源汽车产业发展规划（2012—2020 年）的通知》《国务院办公厅关于加快新能源汽车推广应用的指导意见》等相关文件。2015 年 3 月，工信部针对动力电池领域，发布了《汽车动力蓄电池行业规范条件》，意在培养一批有能力、有实力的动力电池企业。

2015年11月，工信部分四批公布了符合条件的企业目录，宁德时代出现在2015年11月11日公布的第一批名单中，位居榜首，而比亚迪则出现在2016年1月20日公布的第二批企业目录中。此后，工信部又公布了两批企业名单，总共五十七家企业上榜。根据当时政策，只有采用《汽车动力蓄电池行业规范条件》名录中企业动力电池的新能源车，才会被选为推荐车型，获得国家给予的新能源补贴，这些企业也被称为"白名单企业"。

在白名单的助力下，宁德时代进入了更多车企的视野中。同时，曾经为国际知名汽车集团宝马集团供应电池的历史，让宁德时代更快出圈，很快成为其他车企的合作对象。

根据宁德市工信局雷彪华的叙述，在过去，经常是当地官员和宁德时代的负责人一道前去本地及周边城市拜访新能源车生产单位，主动去了解对方的需求。但到了2016年，随着白名单的推出，动力电池行业的风向发生了转变，整车厂的负责人直接找到省工信厅，提出想要使用宁德时代生产的电池。在宁德时代工作的人员也感受到了风口的到来。在白名单的助力下，广汽、吉利、上汽、小鹏、东风、中汽等纷纷和宁德时代牵手，宁德时代的朋友圈阵容不断扩大。2015年，宁德时代的电池量由上一年的0.27GWh增加到2.19GWh，几乎是十倍地高速成长。2016年，宁德时代动力电池出货量为6.72GWh，较2015年翻三番，电池出货量全球排名仅次于松下和比亚迪。在盈利方面，宁德时代2015—2017年营业收入分别为57.03亿元、148.79亿元、199.97亿元，净利润分别为9.51亿元、30.89亿元、42.88亿元[1]，国之重器初见雏形。

---

[1] 数据来源宁德时代公开披露招股书。

与比亚迪的差异化选择

在动力电池领域，比亚迪和宁德时代是"双子星"般的存在。成立于1995年的比亚迪，是国内最先从事锂电池生产的，2001年进入摩托罗拉电池供应链；2005年研发出第一款LFP电池，获得股神巴菲特的投资；2011年上市，在新能源领域首屈一指。而宁德时代的前身ATL，1999年才在香港成立；2003年进入苹果供应链；2011年ATL动力电池部正式组成宁德时代，从事动力电池开发工作，2018年才上市。从发展历程来看，比亚迪处处领先宁德时代一步。

比亚迪的董事长是王传福，此外还有高管廉玉波、刘焕明、任林、杨冬生等，都是兼具管理经验和技术经验。那么，宁德时代是如何后发先至，后来居上的呢？

这与宁德时代和比亚迪所走的不同策略有关。

比亚迪以消费锂电子产品生产出身，在2003年占据了全球23%的电池市场，成为中国的"电池大王"；于2005年开始生产磷酸铁锂动力电池，后来又涉及整车生产，还有汽车、电子、二次电池、新能源和轨道交通等业务多头并进。从总体上来看，比亚迪业务多，整体利润较宁德时代高。但一个拳头倘若张开，面积虽大，力道却会有所减弱，所以在动力电池细分领域比亚迪有被突破的可能。而且，对于整车生产商来说，和比亚迪合作也会有所顾虑。因为，如果选择比亚迪作为电池供应商，就必须为其提供三电系统核心数据进行匹配，这是关乎车企产品的重大商业秘密，没有谁乐意将其提供给同样生产车辆的比亚迪。

与比亚迪不同的是，宁德时代从 2004 年开始留意动力电池，2011 年正式成立后，一直专注于动力电池领域，没有涉足整车生产，也没有重新开始旧的消费锂电子产品的业务，走的是聚焦核心产品的路线。这就好比将所有的力量用来做一件事，握成拳头去做事，力量自然会强些。

如果只是发展模式不同，也许未必会导致宁德时代取代比亚迪固有的地位，让两者拉开差距的重要一战是"白名单"所释放的市场红利。

白名单推出后，韩国三星、LG 开始转战欧洲市场，这就让中国市场很多企业失去了旧有的合作伙伴，产生一定的电池荒。再加上国家鼓励新能源车生产，很多新能源车、智能化车进入这一市场，亟须动力电池供应。相关数据显示，2017 年，国内新能源乘用车产量以 72% 的增速高速增长，乘用车生产数量突破 47 万辆。宁德时代看准这一时机，利用自己服务宝马曾生产全球车规级别的动力电池的履历，不断扩大生产线，主动接纳日、韩等电池企业撤走所遗留的动力电池空白。

与宁德时代不断绑定主机厂，与上汽、广汽等成立合资公司分担风险和资金压力不同，王传福带领的比亚迪走上了另一条路。虽然比亚迪在 2005 年就研发出了磷酸铁锂电池，但后续的发展路线却是坚持本身消费锂电池生产，并没有及时布局动力电池领域。这与其自身开展整车生产业务有关，也是当时建立技术壁垒的战略所致。在国外科技领先的背景下，中国早期的高科技企业在初创期，遭遇过很多技术壁垒，也深知保护技术和专利的重要性。为此，很多视技术为生命的商家在形成自己的专利后，十分注重打造"技术护城河"，提倡自主产权。比亚迪也是如此，它的业务涉及上游新能源原材料布局选择、中游三电核心技术，以及下游整车制造。出于保护核心零部件专利技术的需求，涉及整车生产的比亚迪，采取了电池密闭式供应战略，即比亚迪生产的动力电池只供自身使用，不对外商用。这就相当于原本最有实力和名气的公司突然发出了退出动力电池领域的通知一样。

商场如战场，尤其是在技术壁垒尚未树立的动力电池领域，所有技术环节和零部件都有不可替代的存在。比亚迪不出售动力电池，反而给了宁德时代更多机会，市场格局也随之迅速固化。

处在长周期的制造业产业链中，风险是很大的。毕竟电池配套生产厂家需要大量的电池生产设备，整体体量大，而且投资也大，基本上犯错就死。就像曾毓群曾对下属说："我一条产线投下去，出了差错就是巨大的损失。"所以说，允许犯错的机会很少。为了解决这一问题，曾毓群提出了供应商购买生产线的方式，讲究真金白银交易，这句话同样适用于王传福的比亚迪。

作为国内汽车产业链上重要的一员，比亚迪在 2003 年开始涉足汽车产业链，早早开发了动力电池研究，最终却"起了个大早，赶了个晚集"。2018 年，比亚迪才放开了封闭的电池供应链，2020 年左右才剥离出独立的电池公司，供应动力电池。这就相当于 2015—2018 年，在动力电池领域，宁德时代几乎没有对手。事实上，白名单释放的这波红利几乎都归了宁德时代，让它从一个中等企业成为了动力电池出货量全球第一，也造就了"宁王"。

除了策略选择导致自己没有吃到白名单释放的红利外，比亚迪在电池材料选择上也犯了一个错误。2016 年，磷酸铁锂材料因安全性高于三元锂材料，成为当时的市场宠儿，在动力电池材料中占比高达 73%。

但当时充电桩并未全面铺开，续航里程成为新能源汽车行业的重要考量。2015 年，政府开始打击骗补企业，引入电池系统质量占比、吨百公里能耗等指标，以及科技部提出的单位电池能量达到 300Wh 以上，成本降到 1 元以下等目标，标志着国家动力电池发展战略开始向能量密度高的电池倾斜，三元锂电池的续航里程更高一些。基于此，2014年，宁德时代就以"三元锂电池＋磷酸铁锂"电池双线并举的形式登场，很早就开始了三元锂电池的布局。而比亚迪此时还是专攻磷酸铁锂电池，在三元锂电池方面布局相对不足。到了2017年，三元锂电池成为行业的宠儿，就连比亚迪的多款新车也开始搭配三元锂电池。与之相对的是，当时很多厂家生产的都是磷酸铁锂电池，从而让从事三元锂电池研究的宁德时代捡了大便宜。2017年，全国前九的锂电公司产能利用率超过一半的只有宁德时代一家，宁德时代的动力电池出货量增加到11.8GWh，同比增长73%，赶超比亚迪，正式登上全球装机量第一的宝座。

布局三元材料

"夏则资皮，冬则资𫄨，旱则资舟，水则资车，以待乏也。"超前的商业布局，能够助力企业更快地成功。扎根在动力电池领域的曾毓群在一定程度上也是一个具有超前思维的人。

2017 年，宁德时代登上全球装机量第一的宝座后，并未进入整车生产领域，而是继续专注动力电池研究，布局三元材料，巩固增加产品供应链。在产品业务上，宁德时代坚持单核心模式，向电动乘用车提供三元锂电芯、电池模组及动力电池包，向电动客车和电动物流车提供磷酸铁锂的动力电池包等，继续保持业务高度聚焦状态，同时围绕核心产品向中下游延伸。

与此同时，宁德时代更加关注电池生产原材料。新能源汽车的火热，并没有很快打造出一个具有垄断性或者持续高速增长的新能源车企，却催化出很多持续处于高速增长状态的动力电池生产商家。

"天下熙熙，皆为利来；天下攘攘，皆为利往"，动力电池的火热必将引来更多的厂家涉足，电池制造的原材料也会物以稀为贵，于是水涨船高。行业发展报告显示，我国磷酸铁锂正极材料出货量 2021 年为 48 万吨，较 2014 年的 1.35 万吨增加了 46.5 万吨，年均复合增速为 66.64%[1]。同时，随着动力电池的火热发展，这一增速有继续升高的趋势。而锂、钴、镍等正极材料在整个电池成本中占据 40%，原材料的升高，必然导致动力电池生产成本升高。

宁德时代董事长曾毓群曾说："锂电行业已经迎来了 TWh 时代。"在这个时代，想要做到及时高质量的交付，就需要制作电池的上游材料能够稳定合规地持续获得。钴是其中的一环，实际上，宁德时代十分重视钴的供应链建设。

钴在电池制造中占据"钴爷爷""钴奶奶"的重要地位，虽然很多日企开始尝试无钴电池，但就目前而言，钴仍是电池制造的必需品。为了进一步掌握原材料供应和电池成本的定价权，在三元锂电池尚未完全火热时，曾毓群就率领宁德时代展开相关布局，布局的重点是锂离子、钴离子和镍离子等，以轻资产的电池回收业务为主。

2013 年，宁德时代在青海建设了相关的回收工厂，在湖南设立了关联公司，并以 51% 的股权控股宁德和盛，通过多次收购，取得了广东邦普 66.72% 的股权。广东邦普是一家循环利用公司，核心业务是废物的循环利用。2013 年，邦普开始三元正极材料项目，主要是通过回收废旧电池的金属元素来组成三元锂电池的三元正极前驱体。

2019 年，邦普三元前驱体产能已达 5 万吨，三元正极材料供货量更是接近 2 万吨，宁德时代每 100 个正极材料就有 16 个来自邦普。宁德时代以较轻的资产完成了材料回收布局，这比比亚迪开始进行电池材料回收早五年，比相关部门联合印发《新能源汽车动力蓄电池回收利用管理暂行办法》早了四年。

除了强化材料回收外，宁德时代还注重强化与材料供应商的联系。以磷酸铁锂电池普遍会使用到的碳酸锂为例，宁德时代通过与德方纳

---

[1]　来自高工产研锂电研究所（GGII）调研数据。

米设立合资公司曲靖麟铁投建 1 万吨／年磷酸铁锂正极项目，完成了磷酸铁锂原材料布局。

2016 年，矿业巨头 Glencore 与宁德时代签署了一份长达 4 年的供货协议；2017 年又签署了 2 万吨钴产品的相关协议，在一定程度上减轻了宁德时代的"钴爷爷"断货问题。

锂离子是锂动力电池的重要构成部分，不论是磷酸铁锂，还是锂离子电池，都会用到这一成分。宁德时代也十分注重锂矿的布局，2018 年 3 月 14 日，宁德时代以分公司加拿大时代新能源科技有限公司持股人的身份，以 6776 万股获得北美锂业 43.59% 的股权，成为该锂矿的控股股东。

一年后，宁德时代再度让子公司香港时代新能源科技有限公司参与锂矿收购。主要是同 Pilbara 进行了认购。Pilbara 主要从事锂矿、钽矿的勘探及开发业务。在这次合作中，宁德时代花费 5500 万澳元，约 2.63 亿元人民币购买了 Pilbara1.83 亿股普通股，获得了 8.5% 的股权。

2021 年，宁德时代继续圈地，在亚洲锂都江西省宜春市投资建设新型锂电池生产制造基地（宜春）项目，进一步解决了锂元素危机。

在重视和积极进行正极材料布局的同时，宁德时代也逐步开展负极材料的布局。2019 年，宁德时代全资子公司屏南时代正式投产，能够为公司每年提供 430 吨的硅基负极。电解液方面，宁德时代也积极布局，以子公司龙岩思康来建设每年能产 300 吨新型锂盐的建设项目。

至此，宁德时代的业务延伸至矿产资源，通过在四川宜宾、云南南屏，以及澳大利亚、加拿大、印尼参股锂矿、镍矿企业，设立生产商家等，进一步保障原材料供应，完成了原材料布局。

后续，宁德时代又进一步完善了铜、钴、锂、镍等上游矿石资源，碳酸锂和氢氧化锂等锂盐材料，以及邦普循环正极材料、隔膜、电解液在内的完整电池原材料的产业布局。

提早完成产业布局，也让宁德时代享受到了相应的红利。2017 年 3

月1日，中央四部委印发了《促进汽车动力电池产业发展行动方案》的通知，明确指出了"将提高电池比能量作为今后的重点发展目标之一"。这让已经完成三元布局的宁德时代迅速地扩张产能，快速超越松下和比亚迪，成为了动力电池出货量全球第一的企业。在后续各类原材料价格上涨时，宁德时代也凭借着自己的布局，推迟一个季度上涨电池价格，从而让其以更优质的性价比攻占市场。

　　控制了上游材料就控制住了产品成本，高性价比锂电供应体系已经是动力电池企业的核心竞争力之一。在锂离子涨幅达230%，其他上游材料也大幅涨价的背景下，宁德时代还能在半年时间内坚持不涨价，同时自身的毛利率还能达到23%，远远高于LG化学和松下这些公司不到10%的毛利率。

光拼还不够，爱搏才会赢

任何一个行业的兴起，都是一代代人接续奋斗、持续拼搏的结果，新能源汽车工业领域也不例外。20世纪60年代，面对汽车各类产品"缺重少轻"等多片空白，"汽车可靠性评价标准第一人"王秉刚以从头摸索、从零开始的方式，建立了我国最早的汽车整车实验方法标准体系，为我国汽车整车实验技术奠定了基础。

新能源成为发展主流后，王秉刚对这批后起之秀报以重望，鼓励说："宁德时代和比亚迪这样优秀的企业最好不要抱有'小富即安'的思想，要积极去占领全球市场。"这也反映了当时的一个现实，部分动力电池生产商追求眼前利益，没有太大的战略规划；或者有一部分人喜欢自己拼命去做，却没有意识到还要和对手博弈。

毕竟，动力电池领域和其他领域不同，在强手环伺的时代背景下，光靠一个人拼是不够的，还需要站在全球的角度去参与搏斗、博弈。

但曾毓群却不一样，他经常把这样一句话放在嘴上："日本人发明了锂电池，韩国人把它做大，中国人要把它做到世界第一。"做到世界第一，就需要先超越旧的第一，就需要以全球为战场。

事实上，在宁德时代创立之初，曾毓群等人就认为，宁德时代要对标全球，服务全世界。但是从国内走向世界需要经受政策、人文、技术等多重考验，历来铩羽而归者多，成功者少，进行海外扩张无疑是一步险棋。面对补贴会退、国内需求量会下滑的实际，作为电池行业领头企业的宁德时代敢不敢走这步棋，能不能走好这步棋呢？世人引颈期待着，业内揣测着……

爱拼才会赢，善搏才能成。在企业发展过程中，迷茫的困难时刻，敢拼很重要，但在顺风顺水阶段，有前瞻性地去开辟、敢搏杀更为重要。宁德时代及曾毓群就是这样果断、敢拼、敢搏。

在国内与东风、上汽、大众建立合作关系后，宁德时代不负众望，招兵买马，积极出海，全球布点，开展国际业务。实际上，从创立之初，宁德时代就立志成为"世界第一"，很早就开始国际化布局。

宁德时代海外第一个战场选择了欧洲。作为全球对碳排放要求最为严格、车型推出最为密集的区域，欧洲的新能源复合增速最快，也催生了大量的电池需求。

2014 年，宁德时代在德国设立了第一家分公司。

为何会将第一个子公司设在德国？个人认为有以下几点原因：

首先是宁德时代曾毓群的博士导师陈立泉有在德国留学的经验，师傅的点拨很重要。换言之，德国作为汽车发源地，有奔驰、大众、宝马等全球顶级的汽车厂商，所以想要涉足欧洲，就应该从服务德国开始。其次，宁德时代和宝马华晨已经形成了良好的合作关系，而且也已经有了 40 亿欧元的采购意向，生意上的往来，让德国成为了宁德时代出战欧洲的首要战场。

除了在德国柏林、慕尼黑、狼堡等地设立办公室，建设工厂外，宁德时代还在法国巴黎开设分公司。2017 年 2 月，宁德时代投资 3000 万欧元参股芬兰维美德汽车有限公司，获得该公司 22% 的股权，初步完成了欧洲布局。

北美是全球新能源汽车另一核心区，特斯拉的驱动力不容小觑。除了布局欧洲，宁德时代通过在美国特拉华州的纽卡斯尔建立了宁德时代分公司，落子北美，注册于加拿大。

在聚焦海外的同时，宁德时代也在日本设立分公司，进一步开展国际市场。

分公司设计基于公司版图拓展所需，也基于行业发展需求。正如某位电动汽车行业专家所说："国际市场对于动力电池需求旺盛，我国动力电池企业在技术、生产管理、成本等方面具备一定优势，面临着走出去的好机会。"

就商场而言，所有的机会都需要真金白银转成真正的机遇，想想2016—2017年的宁德时代，虽然享受着白名单带来的红利，但所有的利润都用以扩大生产线，布局原材料和海外市场，同时又承担了"十三五"新能源汽车和智能电网研发工作，加之科研费用的增多，自己能装进口袋的利润所剩无几。

幸运的是，动力电池是新能源汽车的重要零部件，也是国家十分看重的重点产业，自然也是投资的热点。宁德时代的上市招股书显示：宁德时代于2016年前后开启了"A轮+B轮"两轮融资，鸿海集团子公司富泰华、中国平安、君联资本、云锋基金等多家机构入股，募资超过110亿，投后估值1000亿，融资后的钱最终用到了扩大生产线和海外布局上。

新能源不只是新科技，也不是钱的问题。王秉刚认为："要清醒地认识中国汽车工业在全球的位置"，我们应当"努力掌握主要、关键零部件的主动权"。中国动力电池公司不再想如何与国外名企合作，而是想如何让自己获得良性发展。

幸运的是，中国有一批企业做到了这一点。对他们来说，使命感是他们从业的初衷，他们希望能够为国家和民族的动力电池事业做点事情。曾毓群就曾说："宁德时代是一家新能源创新科技公司，创新科技有多大，新能源事业有多大，那么宁德时代就有多大潜力。"事实上，正如曾毓群所言，宁德时代持续致力于为人类新能源事业而奋斗，希望能够通过深入的思考布局，深度服务中国市场乃至参与国际市场竞争。更幸运的是，在这批高科技企业的带领下，越来越多的人认识到了中国科技、中国智造。

跟对手死磕，并把对手磕死

2015 年，比亚迪仍然是中国新能源汽车领域以及动力电池领域的 No.1。作为较早投入电池行业的企业，此时的比亚迪已经完成了相应领域的布局，形成了一个较为完整的产业链。具体来说，包括抢占锂矿资源，稳定电池材料渠道，以及相关的电池箱部件等。而且，在这一年，比亚迪的出货量更是让人惊叹，达到了 3GWH，市场上客户手中每 5 个动力电池中，就有 1 个来自比亚迪，所以销售量自然是世界第一。

加上当年新能源汽车首次超过传统汽车，所以对于未来，王传福的信心还是很足，并做了两个业务调整，一个是新能源汽车将会成为比亚迪的主流业务。从当今来看，这一点确实做到了，而且在 2023 年，比亚迪的新能源汽车销售量甚至达到了全球第一。第二个调整就是建设了一个产能为 106GWh 的生产基地。

这个时候我们再来看看宁德时代。2015 年，宁德时代已经 4 岁了，通过积极拓展，已经获得了部分动力电池市场，电池出货量达到 1.6GWh，仅次于比亚迪。从排名上来看，两者相差不大，但看数值，比亚迪的销售额为宁德时代的近两倍！

这就是当时新能源汽车商家的选择，比起昂贵而且看起来不太安全的三元锂，他们更喜欢低价且安全的磷酸铁锂。这也让不少人开始怀疑曾毓群的决定，当时决定投入三元锂行业，真的是正确的决策吗？虽然公司是两条腿走路，但以乘用车及客车为主的宁德时代还是受到一定冲击的。

屋漏偏逢连夜雨，这个时候电动汽车自燃事件频发，为此，工信部组织开展了对三元锂电池，准确来说是对使用三元锂电池客车车型进行安全标准体系评估。为了完成评估，暂停将三元锂电客车列入新能源汽车推荐目录。这就表示着，很多客车使用将会受到一定限制，也对三元锂的新能源汽车市场释放了不利信号。

但曾毓群认为当下调查现状只是暂时的，企业和客户最终会看到高质量的三元锂的优点，而实现这个过程需要的只是时间。但是商海沉浮，动力电池行业竞争尤其激烈。

彼时，在政策的催动下，全国的动力电池生产企业突破百家大关，已经高达 121 家。与三元锂面对政策不定不同，中航锂电以及巨头比亚迪都选择了继续在动力电池业务方面加码，如前面所述，比亚迪开设了产能 106GWh 的生产基地，投资数额高达百亿元。

而且，日本的松下、韩国的三星 SDI、LG 化学等全球地位领先的动力电池行业，也纷纷进入中国动力电池市场，整个大格局呈现"三国杀"的局面。

在这其中，宁德时代处于尴尬地位，虽然在发展，但成立时间短，资金储备不及比亚迪，大手笔进行生产基地加建还有一定困难。加上虽然公司战略是两条腿走路，同步发展磷酸铁锂和三元锂，但当前搭载三元锂电池的客车处于暂不列入汽车推荐名录阶段；而且日韩等巨头产业三元锂电池技术更为先进和成熟，也更容易获得新能源汽车企业的青睐。而自身的另一业务，磷酸铁锂电池从品牌方面还比不上比亚迪。

此时需要咬牙坚持，只要不死就有崛起的可能。在曾毓群看来，动力电池行业就像一场马拉松，没有到终点，谁也不知道谁才是胜利者。

在比亚迪和宁德时代之间的竞争如火如荼的时候，日本、韩国电池企业正在瞄准中国市场。工信部 2017 年 4 月中旬发布的第 307 款新能源车型目录中已经有韩国电池的身影。与此同时，也有消息称，中国汽车企业已经与韩国 LG 化学电池企业进行了协商，准备采用他们的产品。

此时，比亚迪的刀片电池突破了磷酸铁锂能量短板，开始为其他公司提供刀片电池、"针刺电池实验""把'自燃'这个词从新能源汽车的字典里抹掉"王传福一次次调整策略，打出一张张安全牌。

而这些，仅仅是宁德时代与比亚迪竞争的缩影。虽然从企业家本人来说，两者并没有私人交恶，但是作为动力电池领域的前后霸主，在众人眼里两家企业的任何动作都有暗暗较量的意味。何况，伴随着对外资企业投入动力电池的限额减少，更多闪着刀光剑影的格斗正在发生。

宁德时代在发展过程中，以死磕为攻，以"动力电池"和"新型储能"作为棋眼来守。宁德时代的决心从未动摇：遇到问题就和对手死磕，虽然结局未必是自己赢，但会尽最大的努力把对手磕死，让自己的企业存活。

楼前有两棵树，一棵是棋眼，另一棵也是棋眼

宁德时代赶超比亚迪后又连续发力赶超了日本松下，于 2017 年正式登上了全球动力电池领域冠军宝座。这次胜利意义非常，毕竟在落后 100 多年的汽车领域，这是我国第一次在整车关键配件方面居于领导者地位。

成绩彰显的是过去，宁德时代更多的是关注脚下的路。此时的宁德时代，正在准备上市。并于 2018 年 6 月以惊人的速度，仅用了 24 天就成功在创业板上市。差不多在这个时间段，曾毓群替换了他办公室里那幅展示了"赌性坚强"的字画，然后挂上了"溥博渊泉"四个字。

这句话来自《中庸》，意味着智慧像泉水一样源源不断涌现。字画的更替实际上也彰显着此时曾毓群的心境发生了变化，他不再参与赌局，而是投身于棋局之中。

在宁德时代主楼前有两棵树，曾毓群曾说，这两棵树就是宁德时代的棋眼。所谓棋眼，就是在自己棋盘中不能被对手占据的关键位置，如果被对手占领了，自己只能投降。

曾毓群为宁德时代确定了两个"棋眼"：动力电池和储能。

从布局上来看，宁德时代同时在这两个棋眼布局，2011 年宁德时代成立，开始在当地政府部门的协助下，积极推广动力电池，寻找客户。与之同时，储能方面，中标的张北风电储能项目也进入了运营阶段。

不过，两个棋眼中，动力电池领域首先实现了大爆发，吸引了众

人眼球。所以，对于大部分人来说，提起宁德时代，可能他们更熟悉的是第一个棋眼，也就是动力电池。实际上，宁德时代在动力电池领域做得确实是十分出色，但宁德时代在新型储能方面同样取得了不错的成就。

所谓新型储能，就是像充电宝一样的储备能源技术。之所以说是新型，是有别于传统的水蓄能以外的储能技术，比如大家所熟知的新型锂电子电池等。和动力电池的区别在于，它更多地依靠自然条件，强调环保，并且应用场所也有所不同。比如储能电池多用于太阳能、水能、风电等可再生能源；同时对电池的循环寿命要求也比较高，多数是动力电池的2倍以上。并且结构上储能所用的设备整体大小类似于一间屋子，里面有着很多模组，整体体积属于比较大的。最重要的是技术上更加复杂，需要完成电池设备、能力管理系统以及储能逆变器设备的协调配合。

总体来说，能够从事这一行业的企业目前并不多。当然新型储能这项技术，国际上已经有所开展，技术上也比较成熟，中国在这一技术领域，起步晚，但发展快，目前储能电池出货量前十的企业中，9家企业来自中国。

宁德时代在新型储能方面有着某些优势，比如为宝马提供电池时，研发出来的循环寿命高达10000级的电池，让其提供的电池能够轻松满足新型储能电池3500次循环寿命的要求。

所以说，这个棋眼，宁德时代守得很好。甚至从今天来看，宁德时代在储能领域已经成为更加耀眼的存在。

储能和动力电池是宁德时代发展的棋眼，那么曾毓群是如何守住这两个棋眼的呢？主要通过以下几种措施：

首先是注重研发，打造技术壁垒。人无我有，人有我新，同类相竞，差异获胜。在众多差异中，技术壁垒构筑的差异是最具有竞争力的。毕竟，没有人不喜欢购买品质更高的产品。所以宁德时代十分注重研发，招聘了大批科研人员，构筑自己的技术壁垒。这些技术壁垒在2016年也就是三星手机频频自爆的那一年，给宁德时代交出了一份耀眼的成绩单。现在，宁德时代能够在短时间内实现技术产品的快速迭代更新，更是技术研发的结果。

其次是完善产业链，健全产业布局。居高不下的锂价，让很多动力电池企业频频叫苦，但是宁德时代受到的影响却很小，这与他们注重上下游材料开发有关，通过完善的上下游布局，给了自己腾挪转身的空间，减少了被人掣肘事件的发生，也让自己拥有了更多的议价话语权。

再次，放眼全球，实现整体取胜。失之东隅收之桑榆，在积极参与国内竞争的同时，宁德时代也不忘全球化布局，通过与车企合作的方式，增加市场占有率。

最后，则是储能的发展。公司在储能方面的发展，主要是通过与其他企业一起成立合资公司来开展合作。除此之外，也通过签署战略合作协议这一方式进行布局优化。当前，储能方面仍然是以技术研发为主，同时承担部分政府工程。宁德时代还是想把这一业务领域做出品牌，这样，就能在享受政策红利的同时，进一步扩大业务版图。从当前结果来看，储能为公司提供的收益日益增长，不可否认，这一业务或许会成为强大的增长极。

第六章

成为动力电池行业第一

　　宁德时代深知世界第一的宝座不是温暖的睡床，成为全球动力电池市场占有率最大的企业后，除了进一步巩固自己的市场地位外，引领中国从动力电池大国向动力电池强国转变，成为了宁德时代的新使命。

一路开挂：装机量全球第一

纵观宁德时代的晋级之路，我们不难发现，这个企业似乎一直处于开挂状态。2011 年宁德时代成立后，很快获得了全球级别乘用车企业宝马的合作意向；2012 年获得全球级别客车宇通的订单；2016 年享受到白名单的福利；至 2017 年，登顶全球装机量第一。

但是，拿到这些结果真的是运气吗？真相是这其中也包含了做人之不敢做，为人之不能为的魄力和能力。换做其他人，有魄力用一个初创企业去对接全球顶尖企业的业务订单吗？有胆量在成功率极低的情况下，投入时间、人力、成本开辟科研战线吗？有能力在所有类似企业都在关注磷酸铁锂的时候，研发乃至生产三元锂电池吗？答案显而易见。

没有创业最初立定的"做全世界第一，能跟世界最顶尖的企业合作"的发展路线，怎么会有后续攻克宇通、宝马的可能？如果没有近十年技术的积累，以及在三元锂电池赛道上的下注，怎么能享受到政策福利，获得整车企业的订单？

所以，一切不是开挂，只是曾毓群看准了风口，敢于下赌，并且赌对了方向。

时间回到 2017 年，此时，政策及市场的变动，让曾毓群和他的宁德时代将更多的目光放在全球市场。

彼时，全球市场格局相对稳定，美国科技仍然领先，日、韩等国企业在全球市场上动力未衰。具体来说，包括以下竞争对手；

首先是电池领域行业老大，锂电池的鼻祖，日本鼎鼎有名的松下集团。松下因松下幸之助而闻名于世，但是这家企业和日本百年老店相比，创立时间并不久远，距离当今 2023 年也就 90 年的历史。可是就是在这 90 年间，松下集团获得了快速发展。1994 年，松下集团才开始涉足锂电池行业，研发出能够充电的锂电池，并进行了量化生产。此时，正值 MP3、智能手机等广泛应用之时，消费锂电池成为热点。凭借自己的技术和行业优势，松下很快夺得全球消费锂电池龙头的地位。随着新能源汽车频频冒头，松下开始涉足动力电池领域，深耕圆柱电池，在业内最先实现了 NCA 18650+ 硅碳负极圆柱电池量产，并于 2008 年，与新能源汽车巨头特斯拉合作，顺利拿下全球动力电池出货量第一的桂冠。其生产的圆柱电池在能量密度和电芯一致性方面也领先其他企业，全球市场占有率接近 80%，成为锂电池行业令人仰望的存在。

其次是 LG 化学。作为韩系企业，LG 于 1997 年试产，最初适用于笔记本 PC 的小型电池；1999 年开始量产锂离子电池；2007 年拿下美国的通用汽车，成为了 checrolet volt 唯一的电池供应商；之后又拿下了全球 20 大汽车品牌中的 13 家，成为紧随松下的行业巨头。

2014 年，日本松下继续保持多年优势，全球动力电池销量占据全球市场的 38%，是无可争议的领军者。第二是日本的日产和 NEC 的合资公司，占据全球市场的 23%。LG 化学占据全球第三。而彼时，宁德时代正处于发力阶段，装机量不足 1GWh。

2015 年，在能源布局、产业政策等多种有利因素加持下，我国的新能源车生产量和销售量均赶超美国，成为了全球第一，动力电池逐渐兴起。随着白名单等政策利好，民族新能源汽车品牌占国内市场的 96%，国内动力电池领域获得快速发展。宁德时代开始疯狂扩张，2015 年，更是进入全球前三。此时松下的动力电池市场份额依旧是全球第一，市场占有率高达 30%。2016 年宁德时代动力电池装机量为 6.72GWh，较 2015 年翻了二番，此时比亚迪出货量为 7.1GWh，松下的出货量为 7.2GWh，可以看出宁德时代和排名第一的松下之间的差距越来越小，只差 0.48 个 GWh，而且从增速上来看，宁德时代的增速高于比亚迪。

连续两年占据动力电池装机量全球前三的位置，对于一个刚刚成立只有四五年的企业来说，无疑是值得骄傲的事情。但目标是世界第一的宁德时代，仍在继续埋头苦干。

2017 年 1 月，宁德时代行业排名世界第八，看似是"小弟"。但这一年对于宁德时代来说，却是个丰收的年份。首先是产能进一步提升。2016 年 5 月开建占地 401 亩新能源三期项目，在本年的 3 月正式竣工，于 3 月 15 日投产，加上 2016 年 9 月 28 日总投资 100 亿元的时代锂离子电池长三角生产基地投产，极大地扩大了宁德时代动力电池产能。

其次，技术和生产线扩大，让低成本扩张战略成为可能。要知道，宁德时代主营业务成本主要分为材料、制造费用和人工三部分。在这三部分中，直接材料是总成本的大头，占 80%；制造费用和直接人工占据 20%。不过，2015 年到 2017 年材料成本上升幅度不大，同时，公司生产规模扩大和效率提升降低了制造费用和直接人工费用，这就让宁德时代能够降低产品销售价格。事实上，宁德时代 2017 年动力电池系统的销售均价为 1.41 元 /Wh，同比下降 31.59%，其下降幅度为近 3 年之最，而低价也让宁德时代快速抢占市场。

再次，受中、韩萨德危机的影响，中韩合资的动力电池厂及其项目多数处于停滞状态。5 月份，韩国的现代汽车也放弃了韩国电池产品，开始向宁德时代采购。宁德时代披露的年度报告显示，2017 年 2 月到 4 月，宁德时代装机量暴涨。上海国际车展中，就有 8 家车企的 17 款纯电和插混车型都采用了宁德时代（CATL）的电芯或电池模组，宁德时代的装机量持续稳定在行业前两名。

后来，宁德时代还从 LG 化学手中夺过上汽电芯的供应权，与上汽集团旗下上汽乘用车建立了合作关系，市场进一步扩大。

2018 年，宁德时代发布的招股书显示，2017 年，宁德时代以 12GWh（亿瓦时）的装机量超越了国内的比亚迪（7.2GWh）和全球巨头日本松下（10GWh），成为了全球动力电池市场销量第一的企业。

当然，我们必须清醒地看到，宁德时代占据全球装机量第一，是政策、国内产业布局和成本优势等多方面原因共同作用的结果，而且也只是在市场占有率角度上的世界级企业。在动力电池领域，宁德时代还没有形成自己的技术壁垒，也并非处于无可替代的地位，向世界级高科技企业进军的征途才刚刚开始。

汽车领域关键零部件的全球领导者

宁德时代成为全球装机量第一，拥有十分重要的意义。首先是在工业领域亮出了国产招牌。在工业科技领域，我国一直不占优势，处在高科技壁垒之中。

其次，汽车是一个体量很大的产业，过去以燃油汽车为主，我国不具有话语权，产业也处于整个产业链低端。而在新能源跑道，动力电池是新能源车的核心，在这方面我们占据了优势，就能匹配出更好的新能源车，并为在整个领域占据优势开辟了一个先发点。

最后，宁德时代的创始团队具有服务宝马和苹果等全球级企业的经历，这次排行榜首，有利于其进入全球新能源汽车整车生产厂商的考虑范围。可以说，新能源汽车领域的核心零部件包括电控、电机和电池。宁德时代成功突入"世界领域第一梯队"，能和LG化学、松下等决战具有重要意义。

但是，作为中国本土企业，外人在看宁德时代时也会像看其他中国企业一样，带着审慎的眼光。虽然国内媒体普遍看好宁德时代，认为"中国成为汽车领域关键零部件的全球领导者时代已经提前到来"。然而事实上，我国企业一直呈现出两大态势：一是大而不强，没有拳头企业；二是创新不够，鲜有能与微软、特斯拉等相媲美的科技公司。

宁德时代深知这一点，也清楚世界第一的宝座不是温暖的睡床。成为全球动力电池市场占有率最大的企业后，除了进一步巩固自己的市场地位外，引领中国从动力电池大国向动力电池强国转变，成为了宁德时代的新使命。那么，当下的宁德时代是否能够完成这项使命，担得起全球汽车领域关键零部件的全球领导者这一称号呢？

赤兔喜强者，宝刀配英雄。动力电池属于科学前沿，只有在技术方面领先并形成自己的技术壁垒，真正打造自己的赤兔马、屠龙刀，才算得上是号令天下的全球领导者。对于动力电池来说，技术上主要有5个要素，即安全、能量密度（一公斤电池储存的电量）、功率和密度（电池充电效能）、电池使用寿命（即循环寿命）、成本。当然，核心是技术创新。

在现有产品层面，国内外动力电池技术不相上下，甚至有一些专项，国内的进步更快。需要看到的是，由于日、韩电池企业早期以三元电池作为主要的技术路线，技术比较成熟，加之松下已经在进行高镍三元 NCA 三元电池布局，所以整体上来说，日、韩的技术具有一定的优越性。

但曾毓群等宁德时代原创团队在 2004 年开始关注动力电池，后续也持续在锂电池行业奋斗，加之曾有日资企业从业经验，从技术上来说，宁德时代与国外是不相上下的。同时，宁德时代曾服务于全球顶级汽车品牌宝马，造出车规级电池，这在一定程度上佐证了宁德时代技术的优越性。

但该阶段只能说明宁德时代和日、韩企业技术水平旗鼓相当，宁德时代并没有形成自己的技术护城河。正如宁德时代前副董事长黄世霖所说："动力电池企业如果不能保证后续更多的研发产能的投入，在未来市场竞争中就有可能处于下风。"

为此，宁德时代十分注重技术优势的聚集，每年研发投入占销售收入 5% 以上。此外，宁德时代建立了"福建省院士专家工作站"，宁德时代新能源院士专家工作站、新能源博士工作站，设立了国家工程研究中心，拥有锂离子电池企业省级重点实验室，参与了多个国家、行业规范标准的制定；承担了"十二五"国家新能源汽车产业技术创新工程项目、"十三五"国家重点研发计划新能源汽车专项项目和智能电网与装备专项项目、国家火炬计划产业化示范项目等国家级项目，并成立了 21 世纪创新实验室。

精益求精地做事，一丝不苟地研发，追求卓越的产品品质，让宁德时代的研发能力始终处于行业领先地位。什么是领先？正如宁德时代市场总监杨琦所言："始终保持技术处于业内领先水平，当别人在模仿我们的时候，我们已经又研发出更先进的产品。"

但领先世界的科研水平并不等于技术实力和产业优势，更不等于优质的产品。事实上，科学家解决可能性问题，而工程师解决可行性问题。以锂电池为例，锂电池发明于美国等发达国家，却在日、韩落地生根，在中国进一步长大，就说明了这一点。那么，科研作品和工业产品的距离是什么呢？就是制造业。

制造业做大为什么更难？这是因为制造业需要产业链完善，强调产品系列丰富，要求性能成熟，又被标准制定与市场认可所主导。简而言之，想要做强制造业，你得有技术、有资本和胆魄。

先进与安全是双重标准，必须平衡。一项新发现，在 1000 次实践中发现一次，就能发表文章；而一个口碑极好的产品，1000 个产品中只要有一个不合格，就会被诟病。是的，人的心理预期决定我们所购买的商品必然是合格产品，这也决定了机械制造的难度。正如曾毓群所说："制作出一个电池不难，难的是做出安全的电池。"这从千分之一的成功率到千分之一的失败率之间的过渡，靠的是标准细致的工艺流程、细致耐心的改进和大胆积极的反复探索。

某家车企曾将宁德时代生产的电池放到鱼缸里，以此验证电池的安全性，也有很多企业以"配置的是宁德时代的电池"为卖点，足见行业对宁德时代动力电池的认可。

2020 年 6 月，在 21 世纪创新实验室奠基仪式上，诺贝尔化学奖得主，也是锂电池之父古迪纳夫发来了贺信，充分肯定了 21 世纪创新实验室的重要性，认为 21 世纪创新实验室的研发成果和宁德时代在锂电池方面的创新，将在世界范围内减少人们对化石燃料的依赖，让国际社会大受裨益。很多评论者认为，宁德时代在外强环伺的格局下，高速发展，"一超多强"，成为科研 PK 世界第一梯队的强者，使中国终于在汽车领域成为了关键零部件的领导者。这是过去 100 多年来，中国首次在汽车领域关键零部件中成为全球领导者。

成为全球领导者就意味着宁德时代走入了一个空白区域，正如华为 CEO 任正非在 1997 年时曾说"公司总有一天会走到悬崖边上，什么是走到悬崖边上？就是走到了世界同行的前列，不再有人能够清楚地告诉我们未来会是什么，未来必须靠我们自己来开创。"

从"三一二"到"二三一"

宁德，先秦时期为百越诸部之闽越族驻地，山水秀美，是"中国东部沿海断裂带"，也是"世界最深不冻良港"三都澳的所在地。

过去，靠山吃山，靠水吃水，经济发展以地域为基的宁德，经济腹地较为狭小，交通也相对闭塞，所以在产业定位上注重发挥本地"有名的大黄鱼之乡"的特色，借助山川，形成了"三一二"的产业结构，也就是在经济发展上，主要以服务业、商业、金融业等第三产业为主，其次是农林牧渔等第一产业，最后才是制造业和建筑业为主的第二产业。2000 年政府工作报告显示，宁德第三产业占比 38.7%，第一产业占比为 32.5%，第二产业只有 28.8%，工业化水平占 24%。

随着时代的发展，宁德积极推进"工业动力""实业兴市"战略，开始大力发展工业。在工业选择上，如前所述，宁德注重工业门槛的设立，想要在有限的土地资源上引入产值更高、带动性更好的高科技产业。

打鱼为生、与海浪为邻的生活，让闽东人自古就有一种闯劲儿，"爱拼才会赢"也成为他们的写照。在大力推进工业化的路程上也不例外，2004 年，秉持弘扬"滴水穿石"的闽东精神，宁德深入实施"二三一"战略。

工业项目的领头羊宁德蕉城区政府锁定了 ATL，政府领导前后多次来到东莞与 ATL 接洽，只为将曾毓群创设的高科技公司引入宁德。

一座城市孕育一家企业，一个企业成就一座城市。宁德时代凭借超级快充、超长电池寿命、完整安全保障体系等核心技术，数年间问鼎"单项冠军"，不但将自己推上了全球锂电池生产第一的宝座，也成为宁德市发展的新引擎。事实上，从 2011 年到 2017 年，不到十年间，宁德时代还引来上汽、中铜、青拓等"金娃娃"项目，助推了宁德"三都澳"的开发，形成了锂电新能源、新能源汽车、不锈钢新材料、铜材料等四个具有国际竞争力的主导产业集群。在宁德时代的带动下，宁德全市工业规模逐步壮大，工业化水平进一步提升，优势主导产业聚集发展。在全市千余家规模以上工业企业中，产值过亿的就有 300 余家，世界五百强企业 8 家，工业成为了经济增长的主导力量。

据宁德市锂电新能源产业发展新闻发布会披露的数据显示，2017 年 1—9 月，宁德市锂电新能源产业实现产值 257.52 亿元、增加值 108.93 亿元，占全市工业增加值的 21%，增长 51.9%[1]。数据进一步提示，宁德电池产业产值在 700 亿至 800 亿元之间，配套材料和设备产业产值规模超过 300 亿元，锂电新能源产业总规模也即将超过 1000 亿元，宁德已成为全球最大的聚合物锂离子电池生产基地，可以说曾经的大黄鱼之乡已经成为了真正的"锂电之都"。

高新科技产业集群的形成，让本市产业结构也进一步调整优化。宁德市统计公报显示，全市第一、二、三产业的比重百年未遇地变成了 15.2%、49.9% 和 34.9%，工业化水平更是由 2000 年的 24.0% 上升到 2020 年的 42.1%，形成了"二三一"的结构。

宁德时代不仅改变了宁德，也影响了福建省。2017 年前后，福建省相关政府部门发布公告，决定创建新能源汽车特色小镇。当时规划共有 5 个，其中最后一条就是以宁德时代新能源作为龙头企业来创建国

---

[1] 来自 2017 年 11 月 10 日宁德市锂电新能源产业发展新闻发布会数据披露。

家产城融合示范城市。

宁德时代和宁德官方打造了企业和政府关系的最佳模板。在宁德时代早期成长过程中，宁德政府功不可没。但正是宁德政府在征地上予以支持，在政策上进行让利倾斜，在市场开拓时手把手地扶持，才能让初生的宁德时代在早期能突破瓶颈，获得发展。而成长起来的宁德时代，又以税收及产业带动力来反哺宁德。

一个新兴产业，一家成立不到 10 年的企业，让宁德从曾经名不见经传的三线小城，跻身炙手可热的新能源之都，也为福建省插上了腾飞的翅膀。制造业带动力着实让人惊叹，"以产促城，产城融合"新经济形态的巨大影响力更是令人欣喜。

宁德时代的影响力和带动力还远不止如此。作为全球领先的动力电池生产厂家，作为国内储能势力的先行者，后续河南、山东等省份纷纷和宁德时代建立合作。借助实体制造业，形成自己的专业集群，在为市民开辟工作岗位的同时，真正拉动本地经济发展。

"制造业高质量发展是我国经济高质量发展的重中之重，建设社会主义现代化强国、发展壮大实体经济，都离不开制造业。"智造 4.0 的时代已然到来，相信制造业的领军人物宁德时代也将在其他省份带给我们更多惊喜。

台风来了，猪真的会飞吗

2017 年前后，新能源成为了行业的风口，动力电池作为核心配置之一，升级成为行业风口的核心，行业红利期已经到来。

在风口下，众多企业加盟动力电池领域：比亚迪拆分电池业务；金沙江创投为日产的 AESC 投资 10 亿美元；杉杉科技在内蒙古包头建设了电池材料项目，投资数额高达 38 亿元；格力董明珠也冒着巨大风险收购银隆；瑞德丰投资 15 亿在青海西宁开展锂电池结构件产业化项目……许多传统企业或者新创业者通过产业升级转型、直接投资、收购兼并等途径加入赛道。在政策和市场的双重加持下，磷酸铁锂电池、三元锂电池、钛酸锂电池纷纷登场，一时间新能源行业风口异常火热。

董明珠十分看好这一领域："新能源产业是未来中国和世界在一个起跑线上奔跑的行业，也是中国制造业转型的一次绝好的机会，所以我愿意赌，我要投。"

行业风口地位愈发明显，宁德时代又会如何乘风而上？小米的 CEO 雷军在接受鲁健访谈时曾说："当台风来了，猪都会飞。"

但，风口瞬息万变。老子在《道德经》中曾说"飘风不终朝，骤雨不终日"，天地所为都不能持久，何况人力所造就的风口。曾毓群也意识到政策补贴终究会退潮，国内外动力电池竞争终究会到来，到时，宁德时代又何去何从？

事实上，政策补贴退补的消息一直若隐若现。2014 年特斯拉 CEO

马斯克访华，与时任科技部长万钢及工信部部长苗圩商谈超级充电站方面的合作事项，提出会进行部分技术开放，为完善中国产业链最为薄弱的整车制造环节提供相应的支撑。但为保护本地的动力电池行业，并没有立即放这条"鲶鱼"入池，而是开启了新能源整个产业链的完善创建。

同年，李斌、李想和何小鹏纷纷投身新能源车领域，后续沈海寅、贾跃亭、张海亮等也相继入局，新能源汽车领域分外火热，生产量节节升高，2016 年达到了 51.7 万辆，当年销售为 50.7 万辆，可以说是 50% 的增长。为了进一步促进国内新能源汽车健康成长，2017 年 4 月，工信部通过《汽车产业中长期发展规划》，进一步松绑了外资汽车厂商在华运营生产合作时的出资限制。正值此时，马斯克再次访华。马斯克提出，特斯拉汽车也要进入政府补贴目录，若不能进入，那么就得降低过去的补贴力度和规模。

整车领域的市场壁垒已经有松动的迹象，动力电池领域的栅栏也必然会撤下。毕竟，正如宁德时代副董事长黄世霖在某次采访中表示，我国政府对动力电池产业给予补贴，并设置一定的门槛，是希望给一些优秀的企业合理的利润，从而让其资金链能够持续，让其研发投入、扩充产能的投入能够持续。

是的，国家不养懒汉，时候到了，补贴必然会消失，动力电池领域也必须和对手拼死一战。

为此，2017 年 4 月 27 日，曾毓群在宁德时代旗下的"奋斗的 CATL 人"公众号上，给旗下员工群发了一封题为"猪真的会飞吗？当台风走了，猪的下场是什么"的邮件，提及了宁德时代现在的行业地位，以及员工当下懈怠，坐等客户上门要电芯的现状。

其中指出，宁德时代的崛起并不是自己技术或者质量上多么出类拔萃；之所以成功，只是因为处在中国这个世界上最大的汽车市场，只是因为国家给予政策补贴希望国产动力电池出圈。宁德时代的优秀是天时地利、众人扶持的结果。何况，当前使用宁德时代电池的这些的国际巨头，多数是因为车的销路市场在中国领域才采用公司的电池。宁德时代的动力电池在欧美等国际市场仍稍差功夫。

如果我们满足于当前，那么，"当我们躺在政策的温床上睡大觉的时候，竞争对手正在生死关头玩命地干，一进一退之间的差距可想而知"。一旦对手入局中国市场，等待我们的会是什么？

事实上，松下、三星 SDI、LG 化学等国外动力电池巨头仍未放弃中国市场，纷纷通过多种方式进入中国市场，想要在动力汽车市场巨头这里分一杯羹。三星 SDI 和 LG 化学等企业的动力电池厂已经建设完毕，只待扩展。外资企业在电池的一致性、稳定性、循环寿命等方面都有较大的优势。无疑是潜在的风险因素。虽然目前势头仍然良好，但曾毓群提醒员工居安思危，早做准备。

事实证明，曾毓群的预言是对的，两年后，也就是 2019 年 6 月，《汽车动力蓄电池行业规范条件》正式被废止。保护国内动力电池企业发展的"白名单"正式取消。没有了政策限制，国外巨头也纷纷入局中国市场。

正所谓"人无远虑，必有近忧""惶者生存"，在竞争激烈的行业，只有像华为那种具有危机感的公司才能生存下来。宁德时代也凭借这种忧患意识，提前布局，以高产能、低成本、高质量来保持市场竞争力，最终在补贴结束后存活了下来。

那么，面对自身产能的改变、对手的改变，以及国家相关政策的改变，宁德时代又遇到了怎样的陷阱和诱惑，又是如何依靠科学研判，做了何种应对呢？

"宁王"的陷阱与诱惑

一代天骄成吉思汗曾有句名言:"在明亮的白昼,要像雄狼一样深沉细心! 在黑暗的夜里,要像乌鸦一样有坚强的忍耐力!"这句话,同样也适用于此时的宁德时代。

2017 年的宁德时代,一切可谓顺风顺水。此时,大力推行新能源已经成为全球共识,汽车行业日趋向电动领域靠拢,对新能源汽车"心脏"动力电池需求极大,全球市场环境较佳。与此同时,国内的"白名单"政策尚未完全退去,日、韩动力电池企业巨头被拒之在外,技术和产能双优的宁德时代成为了"香饽饽"。当时,宁德时代处于上一个订单还未开始、下一个订单已经准备就绪的阶段,生意极其火爆。来找宁德时代洽谈的有国内知名的整车企业商家,也有国际知名整车商。订单多,装机量大,全球销量第一,智慧工厂,行业龙头,以及国家各类补贴,地方政府的各类财政支持,行业中广泛的认可。大家推着宁德时代前进,似乎宁德时代自身不需要做什么,只要享受这些光环就可以了。

事实上,也确实有部分员工开始产生享受这些名头与光环的虚荣心,尤其是龙头企业的光环。但"宁王"曾毓群清楚地认识到,订单只是一时的,补贴也是一时的,名头随时可以归于别人,而且员工的膨胀只会让企业陷入危机。比如,某质检部总经理的贪污事件,就给曾毓群狠狠地敲了警钟。

同时,民营企业在发展过程中,往往会经历一个绕不过去的瓶颈,那就是"龙头企业的陷阱"，会陷入"一红就死"的困局。

正所谓"可以马上打天下，但不能马上治天下"。那些模仿后发优势虽然能够支撑民营企业从小小的作坊或者公司，成长为规模企业及规模以上企业，乃至成为龙头企业。但是，随着地位改变，这些人会丧失模仿和追逐对象，加之旧有的管理技术、运营模式等并不能支撑企业的长期发展，从而让后发优势变为后发劣势，企业自然不能进入"海外拓展，名扬全球"的阶段。所以，很多企业在成为本地龙头企业后，会陷入衰退，甚至最终消失，真可谓"其兴也勃焉，其亡也忽焉"。

如何避免行业龙头陷阱，是已经成为龙头企业的宁德时代要思考的问题，也是曾毓群要解决的难题。

与其他企业家相比，在处理这个问题时，曾毓群是有优势的。他是技术派出身，懂得技术的重要性，又曾在ATL等国际知名企业中工作，与苹果、宝马等全球知名企业都有接触，了解到很多先进的管理模式和经验，所以能更好地完成成长模式的切换，避免公司在发展过程中积累的矛盾让自己陷入增速放缓甚至倒退的局面。

他具体是如何应对的呢？从这一时期的战略调整及具体措施中可见一斑。

首先是目标的确立。民营企业很容易把做好业绩并挣到利润来作为自己的目标。但以钱为目标，就会忽略长期性、发展性项目的培育，最终断送自己的未来。而宁德时代向来把立足中国文化、共建清洁能源世界作为目标，避免了对于利益的过度追求，又通过持续的技术投入，为自己未来成长开辟了航道和空间。

其次是技术上的优化。随着全球市场占有率不断提升，曾毓群更加注重人才的招募与培养，注重技术上的迭代更新，不再单纯地追求规模优势和效能，而是积极打造自己的核心能力，形成真正的龙头霸主。

再次，注意国际化接轨。中国市场是有限的，世界市场是无限的；现有的团队优势是有限的，不同任务阶段是需要不同员工来匹配的。

基于此，曾毓群十分注重团队的重塑。因为只有这样，才能适应企业生长的不同阶段，不至于让自己陷入倒退的局面。通过以上政策的相互作用，宁德时代以真正的成长型企业之姿开疆辟土，在实现自由化市场竞争的道路上奋勇前进。只是，在不断巩固国内市场的同时，宁德时代发现当前国内动力电池市场出现了新态势。"中国电动汽车百人会"公布的数据显示，2017 年，中国动力电池产能再度实现突破，总量已大于 200GWh，不过产能的利用度很低，多数企业的产能利用率只有 40%。虽然宁德时代的产能利用率高于平均水平，但未雨绸缪的曾毓群，在积极布局国内市场的同时，又瞄准了海外市场。

身为行业龙头企业，就注定要对行业创新有所贡献，对国家经济有所贡献；在技术上保持龙头位置的同时，也能给同行业其他企业以生存空间。毕竟独木不成林，一枝独大不是真正健康的行业发展态势。

除了以上几点外，曾毓群等众多企业家所面临的陷阱还有很多，比如后继者培养问题，投资和实业处理的问题，多元发展和产业链纵横的问题，等等，每一个问题都需要慎重对待。

面对诱惑与陷阱，曾毓群做了自己能做的事情，包括：严于察人、用人；重视法律，严管员工；以实业为主体，聚焦动力电池和储能领域；等等。

进击之路，道阻且长。宁德时代在曾毓群的引领下，聚焦目标，抵制短期利益和各项名誉的诱惑，越过了虚实业务的陷阱，不断取得成功。

专业是本分，创新是底色

"以创新成就客户"是宁德时代的企业使命。创新是企业的生命力，服务并成就客户是宁德时代获得持续发展进一步成功的保障。但创新必须依赖于专业基础，举例来说，当一个学生只是班级第二的时候，他眼前要超越的目标可能只有班级第一；可一旦他成为了班级第一，他的世界就会打开，他会关注该年级所有班级第一的情况，会想到自己在年级排名第几，并为了成为年级第一而拼尽全力。

虽然一直以"做世界第一的产品"为目标，但 2017 年，宁德时代才真正开始考虑国际业务，真真正正在为做世界第一而拼尽全力。

彼时，宁德时代国际化的信号主要体现在以下几点：

首先，2017 年，在车百会新能源汽车发展研究院、国家《新能源汽车》重点专项总体专家组举办的"中国电动汽车百人会论坛（2017）"上，曾毓群发表了"电动汽车市场化的路径"的主题演讲，提出新能源行业要放眼全球，了解德国、日本等汽车强国，宁德时代会走"立足于服务国内车企、兼顾国外企业"的发展策略。

其次，在产品设计中，主张对接国际标准，明确外企较为看重的可靠性指标，比如电池保修期限、每年返修率等。

再次，针对未来全球化的市场竞争，提出了当前宁德时代遇到的问题，主要是汇率问题，宁德时代亟须更好地应对汇率变化。

最后，宁德时代开始频频在国际展台上现身。2017 年 2 月 2 日，宁德时代在辐射 35 个国家超过 700 名专业人员出席的第七届欧洲先进汽车电池大会（Advanced Automotive Battery Conference，简称 AABC）上现身。2017 年 4 月 4 日，出席了德国辛德芬根市（奔驰全国最大的市场）举办的欧洲电池展（THE BATTERYSHOW EUROPE）。2017 年 9 月 14 日，宁德时代登上了法兰克福车展。这是中国动力电池供应商首次登上像法兰克福车展这样国际 A 类车展舞台。

国际化是宁德时代在自身产能持续扩大、国内动力电池趋于饱和的时代背景下选择的道路，也是应海外客户需求所设，更是响应了国家对企业的期许。2017 年 5 月 4 日，全国政协副主席、科技部部长万钢前来宁德时代总部调研，在了解宁德时代生产状况后，鼓励宁德时代关注全球行业发展形势，多与国外同行交流合作，进一步提高动力电池和储能产品研发和卡脖子技术的攻关力度，以技艺和工艺的革命性突破，在海外市场上占据一席之地。

带着国家的期许，宁德时代开始在海外扩张布局。结合其近年表现，可以略微窥测一下宁德时代海外扩张的相关路线。

第一步：布点。曾毓群在 2017 年百人会上曾说："新能源市场化进程是一个由点到面普及的过程，主张关注各个不同市场的不同需求。"在海外扩张之路上亦是如此，扩张第一步是在海外广泛布点，比如，宁德时代分别在德国、加拿大、法国、美国等地设立子公司，后又在日本横滨设立分公司，通过贴近当地的客户，来为其提供卓越的服务。

第二步：宣传自身。这也是宁德时代频频出现在各大车展及相关国际性会议的缘由。毕竟，只有让海外的整车厂商更好地了解自己，才有合作的可能。

第三步：维护和发展海外客户。当时，宁德时代已经与宝马、戴姆勒股份公司、沃尔沃、标致雪铁龙、大众、现代等多个品牌，以及全球最大的汽车技术供应商博世集团建立了合作关系。在考虑到供需平衡时，客户希望宁德时代能够本土化，优先考虑在当地合资建厂。

第四步：依据市场大小设立海外生产基地。曾毓群很关注新能源潜力巨大的市场，比如"限油令"比较严格的欧洲，以及对新能源支持政策较大的美国等。2018年，宁德时代开设了总产能14GWh的德国图林根州埃尔福特生产基地、匈牙利德布勒森市时代新能源电池产业生产基地、印度尼西亚镍矿生产基地等。

海外建厂具有扩大客户群的可能，但首要关卡在于对接国外标准，熟悉该国产业对产品的相关要求。在这一点上，宁德时代采取的是"借树乘凉"路线。比如，在2017年10月17日，德国中国商会首个专业委员会——汽车专业委员会正式成立。成立仪式由中国驻德大使馆参赞王卫东主持，参与方除了宁德时代外，还有蔚来德国有限责任公司、德国中国商会、德国（基民盟）经济委员会等，通过已经在国外落地的企业商会来打通与德国汽车行业相关协会、部门的交流渠道，促进中德汽车领域企业的业务交流与合作，为自己海外扩张提供了更多的便利。

当然，人生没有万全的准备，对于企业也一样，再用心的布局也难以应万全。因为海外市场太容易受到政策影响，不确定性太大。比如曾经进军美国的华为，后续就遭受到了《芯片与科学法案》（简称《芯片法案》）政策法规的限制，一度退出了国际市场。

而且，制造业是真金白银的生意，正如曾毓群所说："开每条生产线，砸下的都是钱，稍不留意就会损失过亿。"在这样较高风险和巨大成本的压力下，宁德时代还能如此大规模、广范围、高频次地进行海外扩张，可见其敢于下赌注的商业魄力。也正是凭借其不畏挑战、勇于开拓的商业魄力与创新，宁德时代才获得了由英国《金融时报》颁发的"最具魄力新兴市场企业奖"，获奖词为："我们所致力的不仅是表彰当地市场展现商业魄力的企业，更是在全球框架下展现真正的商业创新，并勇于承担艰巨挑战的企业。"宁德时代是"商业魄力奖"奖项发展史上获奖的第一家新能源汽车锂电池企业，宁德时代成为中国新能源革命与汽车产业升级的新名片。

提升产能也好，海外扩张也罢，都需要足够的"子弹"支撑。创业不久，家底不算太丰厚的宁德时代又会如何开辟自己的资金水源？

第七章

"宁王"上市

　　资本的力量很大，曾毓群在宁德时代的发展过程中，既强调对资本的依赖和使用，又注重了对资本的控制。

资本的力量

马克思曾在《资本论》中说过这样一句话："假如必须等待积累，去使某些单个资本增长到能够建设铁路的程度，那么恐怕今天世界上还没有铁路。"诚然，一人能力有限，众人可举泰山。无论是国家经济战线，还是每一条产业链，建设开工耗费都是亿元级别，想要在短时间内获得快速发展，就得借他人之力。

资本市场应运而生，并在企业乃至我国经济发展过程中，起着不可或缺的推动作用，很多时候甚至能够起死回生，比如中国的建材事业、国药事业。考虑到当前资本在国家经济体系中的发展作用，我们甚至可以说它是企业乃至国家发展的"第一动力"。

资本市场对中国企业发展的推动力，我们可以从资本对曾毓群的创业影响的历程中窥见一斑。1999 年，曾毓群以及陈棠华等三人联合十六位股东合创了 ATL。起初公司发展得很好，但 2005 年，公司的重要股东之一突然提出了撤股，这就为 ATL 带来了致命威胁，曾毓群等人不得不将市场开拓较好、仍在快速发展的公司转卖给 TDK。

可见，资本在企业发展中起着至关重要的作用，甚至可决生死。

资本的力量很大，曾毓群在宁德时代的发展过程中，既强调对资本的依赖和使用，又注重了对资本的控制。

强调对资本的依赖和使用，主要是利用资本市场助力科创事业的发展。以宁德时代为例，不论是最开始的实验设备，还是后续的 21 世纪实验室，资本在其中发挥着重要作用。这一点与美国的硅谷有点相似，或者正如熊比特在《经济发展理论》中指出的那样：资本是企业家用于创新的杠杆，创新需要人才、设备、技术，没有这些，资本无法创新。

除了用于技术创新外，曾毓群还利用资本实现了自身由小到大，产业迭代升级，公司的治理和管理体系及激励体系规范化的目标。

宁德时代刚刚成立时，公司资本不足，生产线数量也较少。通过融资，实现了生产基地的扩增、生产线数量的增多。此外，最开始生成设备以人工为主，后续建立了可追溯的智能自动化生成系统。在公司治理和管理体系方面，也通过略高于市场的薪资，吸引了一些人才。所以说，宁德时代的兴起，资本或者说资本市场功不可没。

当然，宁德时代能够得到资本的青睐，在于自身足够优越，能够吸引具有力量的资本。因为资本的逐利性，决定了能够被它关注的都是那些前景好、有潜力的企业，比如宁德时代这样的"独角兽"企业。

2013 年，Cowboy Ventures 的创始人 Aileen Lee 提出了"独角兽"这一概念。独角兽在西方是指一种传说中独角似马的怪兽，以稀有、神奇、"可遇而不可求"闻名。独角兽企业是独角兽在原有概念上的延伸，也是投资行业的术语，专指那些利润和企业规模呈现爆发式增长、所在行业快速发展、位于创新创业中心、数量稀少、被投资者所"热捧"的创业企业。为了研判方便，大家普遍将创业 10 年左右（一般为 4 ~ 8 年）、进行过私募融资但尚未上市，并且企业估值超过 10 亿美元的企业视为"独角兽"企业。如果企业估值大于 100 亿美元，就会被列为"超级独角兽"企业。

一般符合这类特点的独角兽企业，多数位于高科技领域，或者实现了技术产品、商业模式的突破性创新，表现为其产品从根本性上改变了人们的生活，是区域科技创新的推动者。在美国被称为"独角兽"的企业包括 Google、Meta、Microsoft、inter 等。

在中国，独角兽企业概念兴起比较晚，但呈指数增长。《2017 年中国独角兽企业发展报告》显示，2017年，我国境内有126家独角兽企业。其中，符合"超级独角兽"企业的有11家，主要分布在人工智能、大数据、电子商务、互联网金融、文化娱乐、交通出行、大健康等领域。在这十家企业中，除宁德时代、阿里云和借贷宝为新客外，其余企业都是独角兽企业榜单的老面孔。

其中，宁德时代凭借200亿的融资估值，以黑马之姿成功杀入2017年中国超级独角兽企业榜单，被评为"超级独角兽"企业，受到了业界内外的广泛关注。作为所在领域未来掘金者，成为"超级独角兽"企业的宁德时代不仅在市场上得到了用户的青睐，在资本领域也成为了大家热捧的对象，甚至坊间传闻，想要投资宁德时代都很难。

宁德时代在资本的带动下快速发展，发展起来的宁德时代又开始反哺市场。天眼查数据显示，宁德时代曾是多家企业的LP（Limited Partner，有限合伙人），涉及企业达数十家。有知名人士分析说："这些企业与宁德时代有业务上的协同，宁德主要还是想打造一个新能源航母，孵化相关生态。"宁德时代成为了点石成金的存在。

宁德时代已经不是曾经的猎物独角兽，而是成为一个新热点，一个在动力电池及整车和储能领域最具有资本影响力的企业之一。

上市时机彰显赌性

百川入海，生生不息，尽显自然生机；偶有所阻，即成堰塞湖，轻则淤滞，重则发生滔天洪灾。前些年，股市受到众人热捧，很多企业涌入，导致相关部门工作速度变慢，一家企业上市至少需要一年多时间才能完成。很多企业把这一现象称为"股市堰塞湖"。

为使股市堰塞湖泄洪，2017 年新配置的第十七届股票发行审核委员会（简称发审委[1]）力推快流程、严审核、"终身追责机制"发展路线，让股市出现了新气象。

首先是快流程的机制下，创造了"富士康"速度，即富士康从递交申报材料到上会，仅耗时 36 天，也就是 22 个工作日，被称为"1 个月拿下 IPO"。

其次是申请上市企业过会率大幅下降。2014 ～ 2016 年，上市企业的过会率维持在 90% 左右，也就是 10 家企业申请上市，过会的就有 9 家。2017 年，这一数据有所下降，10 家申请上市的企业中，只有 8 家会过会。2018 年，过会审核更为严格。在 1 月最后一次上会时，有 7 家首发企业上会，但只有 1 家企业成功过会。"7 否 6"给准备上市的企业透露了一个信号："这届发审委很严格。"事实上，2018 年第一季度因申

---

[1] 发审委，全称"股票发行审核委员会"。

请文件不齐备而中止审核的企业数目已高达 16 家，在发审会上被否决的企业数达到 32 家，整个季度发审会通过率仅为 45%，较去年和以往，几乎是被腰斩。

企业上市申请的否决率大比例提升，上市变得愈加严苛！

但在当时，如此严格细致的审核，让部分准备上市的企业缩手缩脚，在他们看来，此时风头正紧，不宜上市。

但曾毓群却选择了逆风而行，在这一时刻上市。因为他相信自己的公司，坚信真金不怕火炼，发审会是乐意给有实力、真抓实干的企业机会的。

打破国内公司最快过会纪录

对于一个处于扩张期的企业，新产品研发、市场开发、产地购买以及相关设备增设都需要大量资金。更何况宁德时代处于全球化拓展的关键时期，资金需求量极大，加上自身成立时间短，资金实力不雄厚，而动力电池投资收益周期长，导致其单纯依靠自身资金积累或私募融资，或者银行贷款，都很难实现这一目标。

于是，通过上市拓宽融资渠道，成为宁德时代的不二选择。在ATL创业初期，曾毓群曾经吃过因为融资不慎导致初创人员话语权越来越小，最终被迫卖给TDK的亏。所以，对于私募融资和上市，曾毓群虽然也想借力，但整体上还是保持着较为审慎的态度，以防再次遇到股权稀释、被敌意收购的风险。

从他的私募融资和上市的决定，可以进一步看出，曾毓群是个敢赌的人。思想上越过了"曾经被蛇咬"的痛苦，才能走出融资上市的步伐。宁德时代透露出上市的打算是在2017年初，彼时与比亚迪双雄争霸赛进入关键时刻，加上企业24小时加班，订单都完不成的现实，亟须资金支撑扩能。

策略既定，剩下的就是执行。宁德时代启动境内上市事宜之前，首先是进行自我审核。在上市之前，企业需要满足上市的若干条件，具体包括企业自身是依法设立并持续经营的有限责任公司，持续经营时间大于等于三年。对于从有限责任公司以净资产折算为股份有限公司股本的，其持续经营起算时间可以从有限责任公司的存续期开始计算。宁德时代，创立于 2011 年，2015 年通过宁波联创完成了资本改制，符合这一要求。

此外就是决定锁定板块的问题，主要是主板、创业板、中小板及其他板块，不同板块要求不一样。其中，创业板主要面向成长创业型中小企业，以及自主创新型企业。宁德时代属于高科技企业，自然锁定的是创业板。如果锁定这一板块，就需要面对新的要求，比如，最近两年净利润累计不少于 1000 万元。宁德时代 2015 年利润为 9.51 亿元、2016 年利润为 30.89 亿元、2017 年为 42.88 亿元，归属于母公司的股东净利润分别为 9.3 亿元、30.2 亿元、39.7 亿元，均满足这一要求。而其他财务指标，宁德时代也满足相应的要求。

财务目标达到要求了，接下来就是人员对接问题。在宁德时代，这里需要按照创业板 IPO 发行人的相关标准要求，依法建立"股东大会、董事会、监事会"三会，和独立于董事制度、董事会秘书制度、审计委员制度的管理层，也就是所说的"三会一层"。

一般而言，创业板上市的 IPO 流程为：预备在创业板上市的企业实际控制人必须做出创业板 IPO 决策，且应当在企业内部设立专门的领导部门，确定企业上市辅助机构，主要是律所、会计师事务所等等，并完成相应的股份制改造工作，以及 IPO 前的其他具体工作。

最后就是走流程，即企业向相关部门递交上市申请，发审委审批后会下发批文，而后企业与辅助机构配合完成询价、路演、正式挂牌等工作即可。

宁德时代在 2017 年初准备上市，6 月份开始接受上市相关辅导，并在 11 月 10 日首次披露了招股说明书。在第二年，也就是 2018 年的 3 月 12 日植树节那天，更新了预披露，显示公司将在创业板上市，预备募集资金 131.2 亿元。18 天后，通过流程开始宣布上会，5 天后，正式上会。

5 月 18 日，证监会经过讨论后，核准宁德时代在深圳证券交易所创业板的首发申请，但是考虑到企业发展及股市实际，只批给了宁德时代 54.6 亿元的募资金额。

11 天后，发布 IPO 公告，每股发行价格为 25.14 元，发行股数约 2.17 亿股，预计募集资金总额 54.6 亿元，并在第二天也就是 5 月 30 日，正式启动网上网下申购。

2018 年 6 月 11 日，在众人的见证下，曾毓群与 ATL 管理层和与会嘉宾一道，共同敲响上市的喜钟，宁德时代正式在深圳证券交易所创业板上市，标志着公司发展进入了一个新阶段。曾毓群说："上市不是终点，而是公司发展的新起点。"

自此以后，宁德时代有了一个新名字——"300750"。

纵观上市过程，从预披露到过会，从证监会核准宁德时代的申请到宁德时代正式上市，只用了 24 天，比曾经最快过会纪录的富士康还快了 12 天，真正创造了最快过会和最快上市纪录。

能以最快的速度上市，是宁德时代公司本身运营正常的结果，也是国家对科技企业重视和支持的体现。为鼓励实体经济发展，打造民族品牌企业，国家在 2017 年设立了 5 月 10 日"中国品牌日"。

虽然募资金额较预期少了一些，但对于宁德时代的发展也具有重大刺激作用，根据招股书的相关声明，这次募集到的金额主要用于生产基地和技术研发，如宁德湖西动力生产基地和储能技术研发等，从而为企业的技术壁垒和产能插上腾飞的翅膀。

上市后，大家关心的自然是市值。宁德时代为 546 亿元，上市首日后也出现了 44% 的涨幅，收官时总市值近于 800 亿元。上市后，实现了数次涨停后，又创造了上市 9 天市值赶超比亚迪的新纪录。这一出色表现，引发了资本的狂欢。在股市低迷时刻，大家选择入股宁德时代，足见国内外投资者对新能源领域的重视。事实上，很多人认为，动力电池技术仍然在快速提升中，而且性价比日益提升，后期仍然可期。

创业板首迎"独角兽"锂电巨头

宁德时代选择了以"创造力和成长力著称"的创业板上市，在这一板块里聚集了"机器人""爱尔眼科""华谊兄弟"等众多大家耳熟能详的企业。宁德时代加入其中，必然也会给股民带来很多惊喜。

事实上，确实如此，宁德时代上市不出一个星期，就创造了一个又一个光辉时刻，振奋了低迷的股市，也为创业板带来许多第一。

首先刷新了上会纪录。以 21 天上市的记录，打破了旧有纪录保持者富士康的上市速度，成为了新的纪录保持者。

其次，为创业板增添了一家"超级"独角兽企业。根据科技部《2017年中国独角兽企业发展报告》来看，宁德时代在榜单中排名第 6 位。位居其前面的是蚂蚁金服、滴滴、小米、美团点评，这些企业都属于互联网企业。所以宁德时代作为一个实体企业，能够在榜单中排名第 6 位，而且估值超过 200 亿，是真正的超级独角兽企业。这样的宁德时代上市后，就迅速填补了创业板上的空白，成为了创业板上名实相副的独角兽企业，为后续企业上市创造了先例，引发独角兽企业上市的热潮。

而且，宁德时代的上市为股市打了一针强心剂。在全球经济低迷的条件下，估值水平从 2015 年开始就逐年降低，市盈率、市净率、创业板指数等相关指标都处于低水平。大家普遍认为股市处于寒冬，没有投资热情。但宁德时代上市发行了 2.17 亿股，却能迅速被抢购，而且其发行股价为 25.41 元 / 股，并且在上市交易首日就以 36.2 元收盘，大涨 43.99%，让股民们十分欢欣，提升了大家的热情，在一定程度上提振了市场信心。

不仅如此，宁德时代还创造了最高募资纪录。过去，电器机械和器材制造业的市盈率为 24.99 倍，宁德时代的 22.49 倍市盈率整体处于中上水平。上市后，募集到 54.6 亿元的资金，募资水平成为创业板设立以来的新高。

此外，宁德时代短暂打破了对手，成为 2018 年创业板第一大权重股。在过去，创业板第一大权重股一直由温氏股份持有。温氏股份是广东温氏食品集团股份有限公司的简称，该公司以畜牧业为主，在 2015 年 11 月 2 日上市，首日市值 2005 亿元，成为创业板最大市值公司。宁德时代上市后，凭借着数个涨停，迅速将估值提到了 1400 亿，超过了温氏股份，经过短暂更替后，逐渐坐稳了创业板第一大权重股。

最重要的是，它打破了中石化、中石油等企业一统股市的局面，宁德时代的上榜，也预示着工业中国、智造强国时代的来临。

宁德时代一举创造了数个第一，那么，上市除了给宁德时代带来了资金活水外，还带来了哪些利益呢？

首先，极大地提升了宁德时代的知名度。在过去，宁德时代属于圈内很有名、圈外无人知的状态。上市前后，中央电视台综合频道的大型政论专题片《必由之路》和《资本的力量》等都有宁德时代的故事。全国级宣传平台的推广，让大家进一步关注到宁德时代，初步了解后发现，这家企业科技实力以及市场地位都不错，一传十，十传百，最终宁德时代的知名度得到了较大提升。

其次，有利于宁德时代进一步招募人才。当前，北京、上海、广州、深圳等地成为毕业生的首选工作地，宁德时代所在的宁德地理位置偏僻，为二、三线城市；宁德时代本身又属于私营企业，如何才能对人才有吸引力？宁德时代成为了上市企业后，企业的管理水平、企业实力可靠性大幅提升，对人才，尤其是科研人才的吸引力无疑也有了一定的提升。

再次，宁德时代也开始"投资＋生产"两条腿走路。宁德时代过去主要以生产产品为主，投资项目相对有限。上市后，除了认真经营自己的主营产品外，宁德时代还利用上市公司的长处，以动力电池为核心，从上下游入手进行兼并和收购，布局了锂矿、裕能新能源、哈啰换电、云快充等，进一步完善了相关资本布局。

最后，宁德时代的上市也拉动了宁德市本地的发展。宁德时代是宁德市现有四家上市公司中最后一家上市企业，但其经济带动力位居前列，事实上也是宁德时代的上市让人更多地认识了宁德市。所以，宁德时代的上市不仅是一个企业融资和一位福建首富诞生的历程，也彰显了中国高科技产业和一座城市的奋斗史。

在上市后资金活水的涌动下，宁德时代加快了自己的技术研发之路，不仅为众多车型匹配了合适的灵动电芯，还在储能业务上有所突破。2018年12月25日上午11时16分，由宁德时代独家供应的鲁能海西州多能互补集成优化示范工程储能电站实现了一次性并网成功。

"宁王"是怎样炼成的

2017 年，是宁德时代创立的第六个年头，宁德时代在动力电池领域终于超过日本商业巨头松下，荣登全球动力电池领域冠军宝座。2018 年 6 月，宁德时代正式上市，并且以 24 天的闪电过会速度成功登陆创业板，曾毓群也成为福建首富。

上市后，宁德时代凭借自身的努力，加上政策的东风，以及新能源汽车发展热潮，已经成了行业龙头，并成为股市的宠儿。上市三年，股价上涨数倍，让众多散民也享受到福利，因此曾毓群被股民亲切地称为"宁王"。

"王"原为斧头之外形，具有开山辟路之意，强调此人能够推陈出新，给人带来不一样的局面。曾毓群被股民称为"宁王"，足见他所率领的宁德时代上市，在一定层面上，大大改变了股市的格局。

只是"欲戴其冠，必受其重"，在纷杂的商场世局中，"宁王"需要面对的问题也很多。面对各种各样的事情，需要通过极富智慧的思维和经验将其化解，需要有源源不断的智慧。这或许就是为什么曾毓群将办公室里"赌性更坚强"的字，换成了"溥博渊泉"四个字。

毕竟此时的曾毓群，需要的已经不再是单纯的赌性，此时他已经从"下赌局"转变为"布棋局"，成为了一个肩负着数十万人幸福梦想的企业家。

这种转变就像排位赛一样，过去你只需要盯住对手，后来你要盯全场，层面不同，就会遇到不同的困难和挑战。而且，没有放之四海皆准的真理，没有永远的制胜宝典，只能让自己进一步坚定目标，让团队持续处于饥渴的状态，做到逆风不倒，顺风不飘，永不放弃、勇往直前，一步步解决问题，从青铜走向王者。

所以说，没有一蹴而就的英雄，任何一个王者，都是在时间的磨砺下，光芒日益凸显的结果。回顾"宁王"的创业路，其中虽有政策红利的扶持，但更多要归因于他对市场的科学研判。曾毓群创业之初，通过考察发现磷酸铁锂和三元锂是动力电池的主要技术方向。当然，当时大家普遍投入的是磷酸铁锂这一技术路线。曾毓群等人考虑到磷酸铁锂电池虽然安全性够高，价格也比较低廉，但200的能量密度还是低了点，可能不太适合乘用车。而三元锂电池，因为技术上的不成熟，整体安全性低，但是其能量密度高于磷酸铁锂，所以应该更适用于乘用车。

此外，比亚迪业务布局以整车为主，动力电池渐渐不是其主要业务，所以在这一领域也坚持单腿走路，产品集中在磷酸铁锂电池。宁德时代作为主营动力电池的企业，则选择磷酸铁锂和三元锂电池齐头并进，当然更突出三元锂电池。

2016年，宁德时代的时机之年到来。这一年，新能源行业因为骗补事件频发，加上国家政策导向，在电池续航方面做出"高能量、高续航"要求。政策一出，电动客车纷纷转向三元锂，磷酸铁锂滞销，比亚迪电池业务亏损。

在政策利好下，2017年搭载三元锂新能源乘用车市场容量越来越大，宁德时代步入了自己的好时代。也就是从这一年起，宁德时代登上全球动力电池销售王位，并且在后续时间连续多年位于全球动力电池装机量第一的位置。

"宁王"的炼成除了研判市场正确外，还有一点是对资金链的严格把控。

曾毓群第一次创业，曾因为股东突然撤资而不得不将公司转卖，因此后期极为注重对资金流的把控，这也是他后期能够成功的重要原因之一。与此同时，猛狮科技的财报显示，其2019年前三季度持续亏损，净亏损额度超过7亿元；其子公司湖北猛狮新能源也因资金链断裂，而停止营建。比克电池亦难逃其运，2019年一季度出货量还排第5名，7个月后，整体排名下滑11位，跌至第16名；若下游客户众泰还货款及时，或许这个企业现金流还能更好地持续。

曾毓群十分清楚，作为动力电池生产商，做好现金流把控是十分重要的，因为资金是企业发展的水源，是企业维持生存的必需之物。因此，他才十分注重资金把控。

这两点是"宁王"炼成的重要路径。除此之外，还有一点是对技术的重视。毕竟只有新技术不断发展，才能有新产品产出，公司才能依靠产品不断满足不同的整车商，实现自己装机量和市场占有率的提升。倘若不研发技术，只是亦步亦趋地做事，结果会如何？

岁月如火，百炼成钢，一路执着追求技术，曾经遇到的失败，紧贴市场的决心，造就了现在的"宁王"。

回顾"宁王"炼成记，看看宁德时代这些年的发展路，我们不难得出这样的结论：任何成功都不会像天上掉馅饼一样容易，一切都是努力的结果。

低调的慈善家

众人眼中，企业家什么都缺，就是不缺钱。所以，每当灾难降临，或者各种突发事故发生时，有些人就会通过各种途径，这些企业家捐钱，否则就是"为富不仁"。很多企业家遭遇过这种情形，比如马云。其实，多数企业家是具有社会责任感的，也会积极参与慈善事业。毕竟，就像邵逸夫曾说的，"一个企业家的最高境界就是慈善家"。

善有善道，企业家在购买设备、维持正常运营和发展之余，进行慈善是值得鼓励的。但企业家要慈善，同时也要发展。如何在发展中做慈善，不因做慈善而影响发展，是一个企业家应该考虑的问题。宁德时代的创始人曾毓群给出了他的慈善方案。

宁德时代在上市之前，当时的慈善多数限于员工福利，或者辅助岚口村以及宁德市发展。毕竟，宁德时代是宁德市一个较为富裕的经济组织，所以，他们在发展自身之余，也力所能及地参与国家精准扶贫事业。

比如，宁德时代曾对接多个贫困地区，为当地的贫困学生提供助学金。截至 2022 年，宁德时代长期资助了共 56 名贫困中小学生。除了助学，还常常助贫、助弱，经常为当地的老人和因病、残致贫的人提供节日慰问和帮扶。

曾毓群是一个讲究实际的人，在他看来，单纯金钱资助带动力有限，想要破解困局，还是要提供工作岗位，引领众人凭本事赚钱。因此，在曾毓群的带领下，宁德时代注重从产业上扶贫。除了依靠自身生产线，为本地青壮年劳动力提供大量工作岗位外，还帮助宁德市寿宁县下党乡、宁德市蕉城区霍童镇坑头村的特色产业发展，比如茶产业，通过将茶叶购买为员工节日礼品等，定点支持寿宁县下党乡 500 亩茶园、坑头村 35 亩茶园等覆盖面小、投资金额略小、扶助形式也较为单一和薄弱的产业。

后来，宁德时代渐渐成为了动力电池的龙头企业，秉持着"穷则独善其身，达则兼济天下"的观念，更多地承担起了社会责任，积极参与各类扶贫慈善救灾救难事业。比如，2020 年，新冠疫情突然袭来，面对严峻的疫情防控形势，宁德时代出钱出力，向湖北省红十字会捐款 1000 万元，为疫情灾区的抗疫提供助力。

2021 年 7 月 20 日，河南省发生了特大暴雨，人们陷入危局，很多历史建筑物也被损毁。为了助力河南省迅速恢复正常，宁德时代捐赠了 2500 万元用于暴雨救灾、灾民安置及房屋重建和交通复通等工作。

2022 年 9 月，四川省甘孜州泸定县磨西镇发生 6.8 级地震，给当地人民的生命、财产造成了严重危害。宁德时代在四川建有生产基地，听闻灾情后，曾毓群迅速向甘孜州捐款 500 万元，以帮助当地人民重建幸福生活。

除了救灾救难，曾毓群还十分关注本地居民的健康。2022 年 7 月 5 日，宁德时代向宁德市红十字会捐赠 5000 万元。这些钱都会用来帮助疾病预防控制中心建设新的项目，来填补宁德市没有高级别生物安全实验室的空缺，以及长期以来在职业病防治方面能力比较弱、体系没有建立的空白。

扶贫、扶弱、救灾、救难，帮助别人也发展自己，把钱用在他人真正需要的地方，这是曾毓群的一个慈善理念。除了这一理念外，他还倾向把钱用在科学发展上，通过慈善公益助力企业和学界实现共同发展。

2021 年，伴随着新能源行业日益繁盛，以及马斯克成为世界首富，曾毓群所率领的宁德时代股价大涨，成为股市的"香饽饽"，曾毓群最终也已高过李嘉诚3亿美元的身家，短暂超过李嘉诚成为了香港首富。

没多久，曾毓群为了回馈母校，也为了更好地发展公司，同时为了支持教育事业发展，他以个人名义向上海交通大学教育发展基金会无偿捐赠其持有的公司200万股股票。

要知道，当时正是宁德时代股价最高的时候，宁德时代当时最新收报是687元每股，200万股票大约相当于14亿元，而且这些占宁德时代总股票0.09%的股票数量，都是曾毓群从自己股份中拿出的。

这次捐赠，创造了上海交通大学历届校友捐款冠军纪录。在国内高校捐赠纪录中也名列前茅，位居第三位，仅次于万科向清华大学教育基金会和碧桂园集团创始人杨国强向清华大学捐赠的数额。

除了捐赠，曾毓群还成为交通大学的名誉校友，与交通大学共同建立研发工作室，继续进行动力电池方面的协作。

也正是因为这次捐赠，2021年1月20日，《中国捐赠百杰榜（2021）》在北京发布，100位入榜企业家共捐赠544.70亿人民币，其中，曾毓群位居前十；《中国捐赠百杰榜（2022）》，曾毓群位居第五。

慈善是义举，人人皆好为。只是，有人做慈善后喜欢高调宣传，也有人喜欢做完后就结束，闷头去做其他事。曾毓群就是后一种人。在他看来，慈善不是毫无原则地扔钱，也不是许下口头承诺，而是自己真的要做到的事，做完后对他人和公司也都会产生较好影响。所以，那次说要给交通大学捐赠后，只用了不到两周的时间，所有的股份就已经到位，足以见他是真心在做这件事。

为什么不会以钱的形式，广泛救助？大概是因为曾毓群很清楚，宁德时代不是救世主，只是在自己有能力的时候愿意承担自身的社会责任。同时，比起单纯的捐赠，他更喜欢合作共赢，在低调的慈善事业中实现两方都向着更好的方向发展。只有这样，才能实现真正的可持续发展。

第八章

商海如潮：战略定力

　　不可否认，宁德时代两条腿走路的战略是成功的，业务市场上的开拓，让他们迅速占领了海外市场；技术上的进击让麒麟电池进入众人的视野。

灵魂拷问：敢不敢打破产能天花板

　　"十三五"期间，"高质量""经济转型"成为时代的主题，"碳中和""碳达标"双碳目标渐渐成为主旋律，中国产业升级的规划愈发明晰。加上动力汽车霸主特斯拉宣布将在上海建设海外第一个超级工厂，全球领先的半导体 Arm 公司、软件领域巨头美国虚拟机霸主 VMware 等知名外企也"抢滩"登陆中国，为国内动力电池行业带来了很多新气象和新挑战。

　　以特斯拉成功建厂为例，中国的市场必然会选择更为开放的方向。

　　很多嗅觉敏锐的人都察觉到了这一变化，在投资和经营方面变得愈加谨慎。以动力电池领域为例，在动力电池业务拓展方面，有些人选择了以原有设备保持固有产能，以静观的态度等待事态发展；有些人则意识到红利已不再，选择了提前退出。与这两者不同，宁德时代却反其道而行之，选择了继续扩大产能之路。在招股书中，曾毓群就明确表示，将利用上市募资到的 131.2 亿中的 89.2 亿，建设动力电池生产园区，即宁德湖西锂离子动力电池生产基地项目，共开设 24 条生产线，每条生产线年产能 1GWh，全部建成后年产能 24GWh，预计可实现年均营业收入 205.8 亿元，年均净利润 14.1 亿元。除了湖西工业区外，宁德时代还布局了很多生产基地，充分扩大产能。

　　特斯拉访华，就持续有"白名单取消"的声音飘出来，加上特斯拉确定在上海建厂，各类政策已经出来，在风向已经明确改变的前提下，宁德时代还能砸重金扩大生产线，提升产能？是谁给了宁德时代这样的胆量和自信？不得不说，曾毓群的赌性，在这里得到一定的展现。

但曾毓群不是不顾一切的疯狂赌徒。2004年，某位宁德官员初次见到曾毓群，就认为他"少年老成、行事低调、具有爱国情怀"。曾毓群个人也说："拼是体力活儿，赌是脑力活儿。"那么，宁德时代是如何将扩大产能的风险降低的呢？

首先是对市场有正确的研判。在国家取消"白名单"后，虽然竞争对手增多，但宁德时代已经和国内外整车生产商形成了较为稳定的合作关系，短期内，这一情况对自己冲击不大。再者，宁德时代在技术和成本上也有一定的自信。譬如，价格会比国外同行业企业更具有竞争力，其次是技术上的自信，技术不比国外差。正是相信自己的技术具有优越性，比如，搭载宁德时代电芯的宇通客车，在海拔5000米左右的珠峰大本营极高、极冷、极恶劣的环境下，能够持续安全运营1000天，这是其他很多动力电池企业都做不到的。正是这份技术自信，让宁德时代相信，对方会选择自己。

最后是"业务+技术"两条腿走路、两条腿都用劲儿的双战略路线。在业务上，宁德时代依然围绕动力电池与储能，积极与优质供应商结盟，持续开拓全球业务。在这一战略下，宁德时代与全球多家知名车企走上合作发展的快车道。

据宁德公众号相关新闻信息统计，这段时间，宁德时代与日本本田、丰田，德国博世、戴姆勒，中国华为、蚂蚁金服、哈啰单车建立了合作关系。在日本，丰田是汽车市场销售冠军的常客，年均销量占全国总销量的1/3；本田则常常位居市场前三，销量多数占全国总销量的1/9左右；两者的市场占有率约为日系汽车市场的一半。宁德时代能与这两家日系企业建立合作关系，供应电芯，基本上已经在日系电动汽车市场上占据了一定的主动权。

再说，德国的博世是一家成立于1886年的老企业，至今已有130

余年历史。这家公司主要从事的是汽车和智能交通，现已成长为全球最大的汽车技术供应商。宁德时代与这家企业建立了长期战略合作伙伴关系，在一定程度上有利于宁德时代后续抢占北欧电动化市场。

最后说说中国的华为、蚂蚁金服和哈啰单车。与华为合作，是宁德时代参与智能交通的重要标志，而与蚂蚁金服及哈啰单车签订两轮电车合作，则是其攻占两轮电动车领域的重要途径。2019年前后《电动自行车安全技术规范》（GB17761-2018）开始实施，曾毓群等人注意到了两轮电动车的巨大市场，与ATL展开业务合作，同时也通过蚂蚁金服和哈啰单车进行两轮电动车布局。

除了两轮电动车外，宁德时代还不断扩大自己的业务领域，比如，相继向环卫车、电动船舶和电动叉车领域出击，与长沙环卫车、广西柳工机械股份有限公司等签订了相关协议。

原有业务圈客户增多，又不断出击新的领域，让宁德时代抵住了风口转变的时代压力，业务订单如雪片飞来。事实上，很多时候，纵然工作人员加班加点地干，不到晚上九点不下班，生产出来的电芯依然供不应求。小鹏汽车等甚至上门等产品，而蔚来汽车的李斌也曾表示"整车单月产能为每月1万台，但受限于电池，只能发挥3/4的产能"。

可见，高端动力电池生产仍有极大空间。宁德时代披露的报告显示，2018年、2019年、2020年，宁德时代动力电池系统销量分别为21.18GWh、40.25GWh、44.45GWh。所以说，宁德时代这次又赌对了。

宁德时代既是车企的解药，也是命门

居安思危方能长久，溺于安乐将毁于灭亡。曾毓群是一个居安思危的人，在"白名单"还没有被取消时，曾毓群就能通过"台风走了，猪的下场是什么"的邮件给员工提醒，在拥有补贴时不放松技术研发。事实上，在上市后不断扩大产能的同时，宁德时代也积极强化技术高地的攻占工作。募集到的131.2亿资金，宁德时代将会拿42亿来进行动力电池和储能电池的技术研发，建立21世纪实验室，持续实现产品高能量密度、高功率密度、高安全性、高可靠性等领域突破。

不可否认，宁德时代两条腿走路的战略是成功的，业务市场上的开拓，让他们迅速占领了海外市场；技术上的进击让麒麟电池进入众人的视野，也让搭载宁德电池电芯的宇通客车在海拔4657米至5168米的珠峰大本营，这种高海拔、低温度极度恶劣环境下，实现超1000天的顺利运行。

在完成业务点基本布局以后，积聚动力电池和储能电池核心业务的同时，宁德时代还主张以中华文化为基本立足点，兼容并蓄全球文化，力争成为世界一流的新科技公司。在这一阶段，其国际化业务成为了一个重点。具有技术优势的宁德时代，在国际上也获得了一定的赞誉。比如，凭借先进的高压电池系统的研发和生产，宁德时代获得了"戴姆勒卡车供应商奖"中的"创新"类奖项。该高压电池系统的续航里程可达500公里，使用寿命长，并具备快充功能，将为戴姆勒卡车在此次展会期间首次发布的纯电动长途重卡 eActros Long Haul 提供动力。这是戴姆勒卡车首次作为独立企业向其供应商颁发奖项。宁德时代此次获奖，体现了戴姆勒卡车对宁德时代产品的优异性能和合作精神的充分认可。

当时，宝马集团负责采购和对接供应商的董事是 Joachim Post。他曾在媒体面前说到宝马集团是很高兴能够和宁德时代继续合作的。毕竟宁德时代实力强大，关注环保，同时对合作伙伴负责。这次合作，较之前会进一步扩大合作面，比如 2025 年，宁德时代将为宝马汽车供应新电芯。

如果以上还只是官方发言的话，在 2019 年法兰克福车展上，一队来自中国西安的新能源车队则用他们的行动和语言彰显了对宁德时代的认可。这支小分队从西安出发，用了 50 天时间，行驶 15000 公里到达了法兰克福车站。在碰巧遇到宁德时代的工作人员后，新能源车小分队纷纷竖起大拇指，骄傲地说："你们家电池真争气。"诚然，宁德时代的电池给人的印象就是安全，可靠，值得信赖！

相较于国外电池品牌，本土的宁德时代更便于交流，能设计出更合适的电池产品。可以说，在一定程度上，宁德时代的电池是车企的解药，让他们能够在中国本土以低价购买到全球质量领先的电池，为整车安装一个强人的"心脏"，提升整车性能。

与之同时，宁德时代又是车企发展过程中的命门。大家都清楚，动力电池成本约占整车成本的 50% ~ 70%。在磷酸铁锂等各种原材料飞涨的当今，电池成本增加，电池价格上升，极大地压缩了整车生产商的利润，让很多车企不断叫苦。比如，甚至连车企企业家都吐槽自己成了打工仔，在给宁德时代打工。

这说明，在一定程度上，电池价格成为了车企发展的命门。为了解决这一问题，宁德时代通过技术研发，以及原材料的回收和循环利用，不断降低电池成本，最终推出了价值 500 元左右的电芯，在一定程度上缓解了这一问题。

此外，宁德时代电池质量优越，这也让其成为众多车企哄抢的对象。订单雪花般飞来，纵使宁德时代员工加班加点地干，仍不能满足需求。这也是诸多车企反映的"宁德时代不能如期交货的问题"。

为了解决这一问题，很多企业选择了长驻宁德。但事实是，即使他们派员工入驻宁德时代，所拿到的电池数量多数也只是预期目标量的70%。这也难怪蔚来汽车CEO李斌发出这样的感叹："我们的产能之所以只能发挥70%～80%，就是因为电池没有到位。"毕竟，动力电池领域太火热了，宁德时代太火热了。

为了解决这一痛点，宁德时代也采取了相关措施，包括提高生产效率，以及扩大生产基地等。事实上，这也是近年来宁德时代陆续建立多个生产基地的重要原因。

蔚来汽车召回事件

宁德时代动力电池发展快，电芯技术好，但我们也必须看到动力电池仍属于发展中的事物，在整个过程中出现各类问题也在所难免。

众所周知，自燃一直是新能源车的痛点，也是动力汽车卡脖子的存在，是连全球动力汽车巨头特斯拉都难以避免的问题。同时，它也是所有有购车需求的人最为关注的问题。在"白名单"被取消前后，国内发生了数起电动汽车自燃事件，品牌涉及特斯拉、比亚迪、荣威和蔚来汽车。

为了引导众多车企重视这一问题，做好保障安全的相关结构设计、验证管理工作，在安全性电池和安全性动力汽车上真正有所突破，2019年6月11日，工信部发布了一则《关于开展新能源汽车安全隐患排查工作的通知》。在这项通知中，主要责令存在"自燃"事件的相关企业在10月底前完成自我排查。为了减少自燃事件发生，提升企业排查动力，通知表明将严惩那些未按要求开展排查、虚报瞒报、弄虚作假的企业，甚至不排除将其踢出推荐车目录。

而在6月前后，以优质服务著称的蔚来汽车两个月内发生了3次自燃问题。因此，蔚来汽车成为通知发布后第一个宣布召回的造车新势力品牌。

蔚来汽车宣布召回的车是ES8车型。要知道，这个型号的车真正开始交付才一年时间，还存在很大的销售潜力，如果此时召回，那就无疑在向众人表明，车子自燃是蔚来这方面的原因，对后期车辆销售也极为不利。

虽然洞悉这一点，蔚来汽车还是秉持着负责意识，积极进行善后。在对自燃事故进行了调查的基础上，为配置了 2018 年 4 月 2 日至 10 月 19 日生产的动力电池包的部分汽车进行召回和免费换电池。这类车到达换电站后，会受到优先服务，仅仅等待 3 分钟，就能将自己汽车动力电池从 NEV-P50 电池模组免费换为 NEV-P102 模组。

在召回时间上，蔚来汽车展现了它一如既往的优质服务和担当，在这个事件中，一直配合蔚来汽车的是宁德时代。

诚然，自燃车使用的是 NEV-P50 的模组电池包，宁德时代是供应商。但实际上，宁德时代只是按标准生产并负责交付了蔚来定制的这组电池包，没有重点提及该类电池受力有限，有形变可能。蔚来汽车在整车组装过程中也考虑到为电池包预留空间，只是没有考虑到该类型电池这一方面的参数。也就是说，甲方考虑到甲方的全部责任，乙方考虑到乙方的全部责任，但是在交接的部分，双方没有考虑万全，于是出现了蔚来汽车声明中所说的"该型号模组内的电压采样线束存在极少走向不当而被模组上盖板挤压的可能性"，以及宁德时代同天声明中所说的"包装箱和我司提供的模组存在结构性干涉"。

众所周知，电池依靠的是外面的绝缘电皮来保持电流的稳定性，一旦出现挤压，包绕在电压采样线外面的绝缘材料就会发生磨损。

对于自燃这一事情，黄晨作为蔚来电动力工程副总裁和驱动科技研发负责人，在公司的 App 上发布《关于电池召回的若干问题说明》。在这则声明中，蔚来表示：车子出厂时进行了检测，之所以没有发现问题所在，是因为导致"自燃"的线束磨损多数需要经过一定时间才能发现。当然出问题的是电池，因为线路挤压磨损，金属暴露而产生短路，发生自燃。

很多人担心蔚来汽车和宁德时代会因为这件事情互相甩锅而翻脸。事实上，宁德时代有关负责人在接受《中国经济周刊》记者采访时点明他们并没有甩锅。宁德时代发言人强调关于自燃的原因，宁德时代与蔚来的结论是一致的。之所以发布的报告不同，在于宁德时代从技术层面再次解释了"干涉"是造成线路挤压磨损的问题所在。此番证明，两家并没有互相甩锅。另外，该负责人进一步通过"李斌同志目前就在宁德"的现实，向大家表明宁德时代和蔚来的友谊小船依然坚挺。

关于这次召回事件，在接受《中国经济周刊》记者采访时，李斌表示："代价虽高，却也是最安心的一种做法。"并说："这次是我们成长过程中的阵痛，也是主动、积极承担责任并快速响应的过程，是蔚来的成人礼，请多一些体谅。"

相关人士分析认为，这起事件是蔚来汽车对首款量产车的品控出了问题，与宁德时代关系不大。从两者之间现有的态度来看，宁德时代和蔚来汽车都具有一定的担责意识。对于宁德时代而言，虽然"整车级集成验证是蔚来负责的，具体哪些项目他们不太清楚"，但相关汽车召回费用宁德时代也会承担一部分，两方也不会因为这件事情终止合作，还在积极协商如何处理这件事情。事实上，后来两者依然开展合作，宁德时代披露的报告显示，2020 年，蔚来汽车成为了宁德时代最大的客户，装机量达到了 3.1GWh。2020 年，宁德时代和蔚来汽车及其他两家企业携手投资成立"武汉蔚能电池资产有限公司"，以推动"车电分离"新商业模式和 BaaS（Battery as a Service，电池租用服务）业务。这家公司注册资本达到了 8 亿元，宁德时代出资 2 亿元，获得 1/4 的股东席位。

李斌曾说，"世界不欠新能源汽车、不欠电动汽车一个理解"，但作为受众，风物长宜放眼量。纵观这起事件，发生原因众多，但都说明，在动力汽车市场，我国在 2019—2020 年仍处于不成熟阶段。正如新能源情报分析网研究员宋楠所说，动力汽车的整车设计、测试、制造和品控的经验较为缺乏，需要后期进一步强化改正。但正是因为有蔚来汽车这种敢于说出问题、承担责任的车企存在，有宁德时代这种积极配合的战友存在，中国新能源行业才会有希望，才会获得更好的发展。

马斯克背后的男人

高调宣布在中国建厂的特斯拉，在动力电池方面原本是与松下合作了十年，并希望松下能够在中国为其设立厂区。松下初期本有此意向，只是双方在价格方面未能谈拢。

马斯克是一个成本狂人，对成本把控十分严格。为了能以适宜的价格拿下松下的电池，马斯克开始与曾毓群接触，希望借此压价。曾毓群对马斯克的橄榄枝并不十分动心，毕竟此时现有的生产线已经供不应求，和马斯克合作是赔本赚吆喝的生意。但他认为马斯克是一个有趣的人，自己也会尝试为其寻找合适的解决办法。

从这里可以看到，马斯克和曾毓群对这次合作都没有太大的信心。后来，特斯拉和松下电器在价格方面没有谈拢。实际上，特斯拉确实以压价出名，松下电器 CEO 津贺一宏也曾说和特斯拉的合作风险比较大，公司目前在与其合作的电池业务中获利甚微。对于特斯拉在华投产之事，松下电器因战略原因，没有再在中国建设新的电池工厂的想法。至此，特斯拉和松下电器的合作暂告一段落。马斯克不得不重为其动力汽车寻觅新的心脏，在中国附近重新寻找合适的合作伙伴。结果找到宁德时代。

之所以选择宁德时代，首先是因为它的产能。宁德时代的产能已经达到了 40GWh，能够满足特斯拉的需求。其次是技术，特斯拉一直在为自身电池能力密度低而感到困扰。2019 年，宁德时代推出了麒麟电池，恰好符合特斯拉的需求。另外，特斯拉在华开设了超级工厂，宁德时代的总部在福建，各项合作也较为方便。在以上因素的作用下，宁德时代和特斯拉于 2020 年 2 月确立了合作协议，预期合作时间是 2020 年 7 月至 2022 年 6 月 30 日。

签订协议的时间是 2 月 3 日，也就是春节后，深圳股市首个开盘日，受疫情防控等相关因素影响，当时多个股票股价停止增长，跌幅较大，但宁德时代却逆势上扬，涨了 3.67%。

在宁德时代和特斯拉敲定协议后不久，比亚迪推出了刀片电池。其性能优越，价格低廉，电池组成本降低了 20% ~ 30%，预计在 600 元以下。比亚迪称，市面上所有车企都在和他们谈论刀片电池合作事宜。

部分媒体显示，宁德时代的电池价格也已下降到 500 元，成组电池为 600 元左右。而工信部推出的新车推荐目录中显示，特斯拉将使用宁德时代的磷酸铁锂电池，上汽集团宝骏也采用了宁德时代的电池。马斯克这个成本狂人都选择和宁德时代合作，足见宁德时代的电池价格更为优惠。

除了成本上的控制，擅长三元锂电池跑道的宁德时代，选择为特斯拉提供磷酸铁锂电池。毕竟特斯拉也高度关注自燃问题，善于为客户考虑的宁德时代也挑战了另一电池领域。

在本次协议达成不久，6 月份，特斯拉和宁德时代又敲定了新的协议，这次协议去掉了供货商必须是中国厂家这一限制，供货时间延长到 2025 年，很多人猜测两家企业可能准备在全球范围内建立合作关系。

旧客户签订新协议，足以说明特斯拉还是很认可宁德时代动力电池相关产品的。但曾毓群很清醒，他知道与大客户合作有好处也有风险。比如，单独服务某个大客户，一旦这个大客户拥有其他代替公司，将会对自身产生极为不利的影响。因此，在与特斯拉合作这件事情上，曾毓群也十分谨慎，通过细化协议内容，来确保协议的履行不会对公司业务独立性产生不利影响，公司也不会对大客户形成重大依赖。但不可否认的是，特斯拉是年产百万辆车的新能源巨头，与特斯拉的合作，成为宁德时代新的增长点。

事实上，在疫情的笼罩下，多数汽车生产商家延期复工，汽车市场运营受到一定影响。但宁德时代没有坐地等待，而是积极寻求机会。在这一时期，它先后与南德意志集团、长城汽车股份有限公司签订了相关协议。

但仍不可否认的是，在众多合作中，特斯拉和宁德时代的合作具有重要的意义。在国外动力电池霸主纷纷摩拳擦掌准备卷土重来的日子，宁德时代虽然是国内动力电池领域的龙头企业和国际动力电池领域的王冠占有者，但压力也是很大。这次合作进一步巩固了宁德时代在全球供应链中的地位，实现了每10个装机量中，就有2.5个来自宁德时代。

当然这是后话，事实上，特斯拉是新能源汽车的巨无霸，宁德时代是动力电池的龙头，两家的动向，总能引发业内人士的关注。2月3日，特斯拉和宁德时代签约当日，也是深圳股市第一个开盘日，在疫情作用下，持续低迷的股市，因为这次合作而打开新局面。宁德时代逆势上扬，创造了3.65%的涨幅。事实上，宁德时代的估值最开始为23元/股，公司市值800亿元左右。在和特斯拉签约后，公司总市值突飞猛进，超1.18万亿元，一度甚至超过1.2万亿元，越过五粮液和比亚迪。此刻，宁德时代，正式进入万亿估值的行列。

作为宁德时代的领路人，曾毓群进入人生第53个年头。伴随着宁德时代市值的水涨船高，曾毓群的个人财富估值也逐日提升。2021年5月4日，这一年曾毓群的个人财富已达到345亿美元，高于前首富李嘉诚的342美元，荣登香港首富。

全链条布局：我们不偏科

与马斯克的特斯拉建立合作关系，让宁德时代的生产线再度紧张。这些年，宁德时代一直在大手笔地建基地、扩产能，但似乎仍未能做到百分之百的产品交付率。这也让红杉资本全球执行合伙人沈南鹏在由上海交大主办的"'问道·通未来'校友论坛"上调侃曾毓群："你的位置太让人羡慕了。"指出很多车企在焦虑，但曾毓群的宁德时代在市场上处于领先位置，应该不会焦虑。

曾毓群在回答这个问题时，认为两者位置不同，"整车生产商们在台上有各种各样不同的戏……既可以装载一辆真正的汽车作为出行工具，又可以装载一个真正的智能终端"。而宁德时代本身就是一个零件供应商，"起的是搭个台子，搬个砖头，让他们在上面跳舞"的作用，并自我调侃是"被压迫"的对象。

沈南鹏没有"放过"曾毓群，继续指出："全世界都产能紧缺，但车企总是要电池的，该怎么分配？"并进一步戏问校友拼酒量能不能获得优先权。

对于这个问题，曾毓群十分坦白地说："我们会看车企对他们自己有多少信心。"具体来说，就是包生产线，这涉及包几年，以及包多少产能的问题。并且现金为王，在协定好数额后，就需要拿出定金获取生产线的使用权。从本质上来说，这是一种低成本扩张战略，这种战略的好处是能够在一定程度上维持较好的账务水平，避免了沃特玛那种因为资金收不回来而导致的破产危机。

　　动力电池是热点领域，很多投资者都有投资兴趣，为此，就当前动力电池材料场景，两人进行了探讨。面对沈南鹏"产品上面你看好三元锂电池还是磷酸铁锂电池"的提问，曾毓群给出了"我们都要做，不能偏科"的回答。

　　这一答案令人吃惊，毕竟曾毓群的宁德时代之所以能够赶超王传福的比亚迪，三元锂电池功不可没。本以为他会选择继续在三元锂电池深耕，结果他却两者都要做。

　　非但如此，曾毓群补充说："磷酸铁锂电池的增长速度会非常快。"这与人们已经逐步适应新能源车有关。里程焦虑多见于未使用过新能源车的车主，他们对新能源车不了解，害怕中途没电，所以强调高续航里程。但随着新能源车的普及，充电桩的覆盖，以及新能源车多数用于上下班通勤的实际，客户对续航里程的要求就会下降，转而倾向于性价比更好的磷酸铁锂电池。

　　所以未来，三元锂电池在市场的占有率可能会有所减少，但不会完全消失。因为很多高端车和客车对续航还是有要求的，这就为高能量密度的三元锂电池提供了生存空间。但磷酸铁锂电池会逐渐成为主流。

　　所以他进一步提出："我们基本上是不能偏科的，全部产业链都做。"偏科的坏处，曾毓群见到过。过去，三元锂电池一枝独秀，当时市场上80%～90%都是三元锂电池，很多做磷酸铁锂供应链的人甚至因为没有生意而产生放弃的打算。但最终磷酸铁锂市场占有率逐渐提升，就给那些想要放弃的供应链商提供了机会。

　　那么，是不是代表磷酸铁锂电池要打败三元锂电池，成为动力电池的霸主了？对于未来电池的发展方向，曾毓群认为，霸主也许未必是磷酸铁锂或者三元锂电池。电池材料和研发技术在更新，总会有更贴合市场的新产品出来。

　　通过沈南鹏和曾毓群的系列对话，我们不难总结出曾毓群对自己的宁德时代有着清晰的认知。在动力电池领域，宁德时代的三元锂电池和磷酸铁锂电池齐头并进，在上下游材料获取、定金获得和产品产出各项需求供给方面彼此协同发力，动力电池规模化和技术创新相得益彰，储能和动力电池两个主营业务可谓是比翼齐飞……宁德时代具有的这些优势，大致可以总结为曾毓群所说的"不偏科"。

在这里，不偏科不是多元化，而是宁德时代的产品业务焦点很明确，一直以"动力电池＋储能建设"为主。也有不少人劝曾毓群进入利润更高的整车生产领域，但曾毓群以"能力不足""现阶段想专心做好一件事"为由拒绝。业务领域高度集中，这一点也是宁德时代有别于比亚迪的主要特点。

此外，不偏科也不是均衡发展。均衡发展讲究的是平衡用力，没有针对性，常常会导致某个热销产品生产数量不足，某个冷门产品生产数量过多的现象。不偏科则强调所有产品都会生产，但生产数量会根据市场需求进行调节。这一点，就不得不提及上面所说的低成本扩张战略，这让宁德时代能够了解整车企业所需，采取订单式生产，避免产品积压。

在三元锂电池和磷酸铁锂电池市场需求转化的推动下，曾毓群率领宁德时代正在进一步优化产业布局，调整各个部分的产能，这其中还包括电池和储能业务的布局调整。与时俱进，让宁德时代吃到了政策的红利；根据国家需求发展重点业务，让宁德时代获得了更大成长空间；通过有序的统筹协调，"不偏科"的宁德时代发挥得愈发稳定，已经成为新能源领域的"优等生"。

当前，宁德时代已经发展成为大象级企业，各方面规模效应逐渐凸显，全球龙头老大的位置愈发稳固，但产能不足也成为其发展劣势。针对这一劣势，在未来，宁德时代将会继续秉持不偏科战略，立足世界范围，深入推进全球化战略布局，通过新型能源开发产业链的完善合作及协同，来深入保障行业关键资源供应，进一步提高资源利用效率，以优质的性价比来拓展合作对象，提升公司的市场竞争力。

宁德时代的朋友圈

当前，宁德时代声名日隆，曾毓群却一直未改"低调"风格。只是，现有的经济影响力和 2017 年跃上动力电池销量世界第一的宝座这件事，让这家企业广为人知，想低调也不可能。几乎每一家新能源车企都在和宁德时代谈合作，比如，后续与拜腾签署战略合作意向书，与捷豹路虎签署战略合作意向书。宁德时代的朋友圈持续扩大。

在产品上，宁德时代虽然没有广为人知的整车产品，但每月都会有几款配套宁德时代电池的新车型开售，进入大众视野。比如，宁德时代的电芯在 2018 年被广泛用在广汽传祺 GS4 PHEV、上汽荣威 MARVEL X 系列、奇瑞瑞虎 3xe、北汽集团 EU5、东风风神 E70 系列、吉利汽车博瑞 GE 和帝豪 EV450、长安 CS15、逸动 PHEV 等车辆。当然，在宁德时代的众多客户中，宝马永远是值得一提的一位。2018 年，宝马在中国布局的第六款新能源车型——530Le 插电混动版正式开售。这款车搭配的仍然是宁德时代的电芯。

可能很多人认为，2013 年末，宁德时代与宝马华晨合作之诺 1E 顺利上市，宁德时代作为国内第一家配套国际车企的中国电池企业，就已经成功打入宝马供应链，为宝马 530Le 插电混动版提供电池不是板上钉钉的事儿吗？

其实不然。BMW530Le 项目的获得，是宁德时代积极争取的结果。在 BMW530Le 甄选电池供应商时，宁德时代并没有第一时间收到相关消息。等他们开始介入项目时，技术上较为领先的韩系电池企业已完成了首轮送样，而该次送样截止时间就在三个星期后。如期不送，将丧失 BMW530Le 项目电池供应商的甄选资格。

为了拿下这笔订单，宁德时代迅速接下电池研发任务，在内部将该项目代码定为 G38。但是 3 个星期造出匹配 BMW530Le 严格要求的电池，并测试完毕，真的很难。要知道，寻常电池样品生产至少需要两三个月的时间。所以，接到这一项目后，宁德时代宝马项目负责人朱博忍不住连声感叹："太难了！20 天，把电芯造出来，还要顺利运到德国，交到客户手上，太难了！正常来说，完成一次电芯出样，就至少需要两个半月。"

难是难，但退缩就不是宁德时代。

在曾毓群的支持下，宁德时代迅速组建了以十几位技术精英为核心的研发团队。团队成员以公司为家，连续熬夜攻关，赶超工期，两天确定电芯设计方案，用技术优化电芯开模时间，将其从 50 天压缩到 15 天。

研发队员在努力，公关协调人员也积极配合，在拿到顶盖设计方案后，相关协调人员立即联系供应商进行实际生产。负责电芯设计的李经理更是扎根在供应商处 14 天，亲临现场沟通零部件的制作细节，及时制定更改的相关方案。

众志成城，在大家将宁德时代拼搏特色发挥到极致时，成果也出来了，只用了不到三周的时间，符合宝马相关要求的电芯成功制成。

不到最后一刻，没有人敢松气，由朱博打头的四人工程师团队，背着电芯测试的常规仪器包，带着刚下生产线的样品电芯乘机飞往了德国。

在德国办公室里，三个人不眠不休地进行了三天测试，确保两百个电芯性能良好，这才敢出手交货。提交样品虽然只是一个小环节，但是如果不能按时提交，连备选资格都没有。幸运的是，宁德时代快马加鞭迎头赶上了；更幸运的是，虽然这次产品生产只用了过去一半的时间，但生产出的电芯顺利通过了宝马的电池测试，获得了拿下订单的机会。

成功提交小样不是事情的结束，而是层层遴选和新难题的开始。进入遴选区的宁德时代，在与日、韩等电池巨头同台竞技时，仍显底气不足，毕竟技术和经验欠缺是真实存在的短板，尤其是三元锂电池过充问题方面尚未有所突破，仍不能拿出成熟的方案。因此，样品虽然符合德国宝马要求，但如何解决客户提出因过充而导致自燃的安全隐患问题，成为了宁德时代的当务之急。

宁德时代组织公司内部人员进行广泛讨论，探讨短时间内实现技术突破的可能性。

在现实情况下，这是一个不可能完成的任务。但把"不能"转变为"能"，是宁德时代的特长。经过讨论，宁德时代电芯设计部的李经理认为："这个问题最大的瓶颈是位于顶盖上的安全装置。"为解决顶盖安全装置的问题，宁德时代产品开发部吴总亲自带队熬夜研发，先后尝试了二十多种方案。有些员工凌晨一点多从样品生产线上下来，发现吴总还带着工程师在实验室奋战。

经过 3 个月的苦心钻研，宁德时代通过巧妙的变截面设计，有效解决了过充技术十分容易自燃的问题。一项颠覆国内锂电行业的技术成果诞生了，这项改变是超过 35 项专利的凝结，成果后来也被广泛应用到宁德时代三元锂电池产品上，让宁德时代成为和日、韩一样拥有过充问题解决方案的高科技企业。

但解决过充问题，只是让宁德时代和日、韩等动力电池企业站在了同一起跑线上，如何从中脱颖而出，仍是等待他们解决的问题。

扬长避短，他们决定从自己的优势下手，利用自己技术产品中优异的循环寿命参数来突围制胜。最终，宁德时代生产的电池经过 5000 次充放电后，仍存有 80% 以上的电池容量，成功拿下了宝马的订单。

BMW530Le 是宁德时代与宝马合作的第 4 款车，回想整个研发过程，宁德时代在生产这款电池期间，不但突破性地解决了行业难题，缔造出 30 项专利，也打败了日、韩巨头，获得了一笔可观的订单，开启了与宝马合作的新时代。

这是代号为 G38 的创物过程，也是宁德时代千万个电芯产出的过程。在为这些整车生产商服务的过程中，宁德时代不仅积累了大量专利，也锻造了一批高技术人才，还更明确了如何为客户寻找真正合适的解决方案，更让宁德时代从一个追随潮流浪潮的中国锂电制造企业成为研发引领者，而他的朋友圈仍在持续更新中。

第九章

宁德时代迎来"战国时代"

国内市场全球占比缩小，车企的不满，一度将宁德时代推至风口浪尖，颇有山雨欲来风满楼之感。保持高位绝非易事，宁德时代会从全球第一的位置上走下来吗？

山雨欲来，动力电池的战国时代

在全球能源转型的大环境下，新能源事业蓬勃发展，动力电池作为基础部分，其发展已经进入如火如荼的阶段。按照 SNE 研究 2021 年统计数据后的预估，到 2025 年，全球动力电池的销售额将达到 1670 亿美元。新能源汽车的火爆带热了动力电池市场，也让动力电池的上游市场正负极材料变得空前火热。据前瞻产业研究院《2021 年锂电池原材料市场价格高涨 一文了解涨价背后的原因和即将带来的影响》文章披露：从 2020 年到 2022 年，碳酸锂以及氢氧化锂的出厂价都从最低的 4 万元 / 吨左右，增加到 9 万元 / 吨以上，价格涨了一倍左右。

在正负极材料价格疯狂增长之时，曾毓群的宁德时代努力维持了数个月的平衡，但也抵不住上游价格上涨传导过来的压力，最终将动力电池价格提升。动力电池价格提升的举措立即导致了连锁反应，很多车企叫苦不迭。广汽集团董事长曾庆洪在某次活动上说："动力电池成本已经占到汽车的 40% ~ 60%，那我现在不是在给宁德时代打工吗？"

一句诘问，让宁德时代股市动荡，同时也将整车生产商和"宁王"之间的矛盾推上台面。如前所述，宁德时代实行加班文化，目的就是提高产品生产效率。但纵使员工采用了"896"的工作模式，宁德时代的订单依然处于供不应求的状态，只能按时交付 70% 的订单，这让很多车企开始自己制造电池，或者寻找二供和三供，想这样从"宁王"手中出逃，倾向十分明显。

与此同时，2021 年 7 月，在欧盟公告"2035 年停售所有燃油新车、电油混合动力车"后，欧洲新能源乘用车销量超过 136 万辆，以 120% 的增长速度扩大市场。据 EV Sales Blog 公布的数据，欧洲已经超越中国成为了全球第一新能源车市场。市场的改变，带给新能源车的不仅是名头的差别，还有电池合作企业的变换，像特斯拉或其他全球动力汽车霸主，在电池选择上也会倾向于欧洲本土电池生产商。

国内市场全球占比缩小，车企的不满，一度将宁德时代推至风口浪尖，颇有山雨欲来风满楼之感。保持高位绝非易事，宁德时代会从全球第一的位置上走下来吗？

伴随着整体市场环境的变化，宁德时代国内竞争对手也不断增多，国内市场厮杀愈发激烈明显。

首先是宁德时代的老前辈也是老对手比亚迪的觉醒。"起了个大早却赶了个晚集"的比亚迪，自然不会让宁德时代坐拥全部市场红利。2018 年，比亚迪在动力电池领域就做出了战略调整，不再自产自销，而是成立了独立电池公司来进行电池销售业务；并推出性价比优越的刀片电池，积极扩大产能，准备再展雄风，与宁德时代在动力电池领域一决雌雄。

老对手全面觉醒，新对手也层出不穷，紧追不舍。比如，中创新航通过低价格抢走了宁德时代 70% 的广汽订单，成为广汽新能源和长安汽车的最大电池供应商，这也让其一年复合增长率高达 130%，登上全国动力电池生产第三的宝座。

除了中创新航的价格战外，国内一些其他有实力的动力电池生产商也纷纷发力。比如，合肥国轩高科动力能源有限公司、深圳市比克动力电池有限公司、天津力神等国内一线电池制造商。它们抓住国内动力电池井喷时期，纷纷调整策略，扩大生产线，加速发展。

如果说国内竞争加剧，只是让宁德时代感受到了来自国内市场的潜在风险，依靠由技术和品牌营造的壁垒，宁德时代还能安卧一段时日的话，国外巨头对手就不那么令人放心了。

在所有对手中，真正让曾毓群担心的，是技术实力和品牌知名度与自己不相上下甚至比自己更好的国外企业。

在特斯拉进驻中国，以及政府将日、韩企业纳入白名单后，韩国LG化学、日本松下纷纷重新杀入中国市场。过去有名单和补贴的保护，让宝马和特斯拉只能选择中国的电池供应商；现在没有了名单保护和政策补贴，和国外动力电池商站在同一起跑线的宁德时代能否稳住旧有的客人？

事实上，在白名单对国外动力电池生产商放开后，部分国企整车生产商已经开始逐步采用国外的动力电池。

与此同时，国外动力电池生产商自然也不会错失时机。比如，LG化学已经开始积极备战，提升产能。2020年，LG化学在中国、美国、欧洲三地拉开阵势，加上其已拥有6GWh产能的欧洲市场，LG全球布局已初步完成，正向全球综合产能110GWh的目标进军。扩大产能是LG化学野心的展现，也是其全球竞争的核心战略。此外，为保持价格优势，LG还通过与上游材料公司签订长单供应协议，发展本地供应链，以及必要的材料自产自销等方式多渠道来确保自己原材料的供应。

2019年LG化学进入特斯拉中国电池供应市场，选址南京，以20亿美元的总投资建设总产能32 GWh滨江电池工厂。

三星SDI也在拆装电池业务，计划在2030年前投资69.8亿人民币来提升产能，以进一步提升欧洲客户业务订单的按时交付能力，以服务抢占市场，提升全球市场占有率。

日本松下也开始强化与丰田等汽车商家的合作，并积极推出新电池，只为在全球能源市场上有更好的表现。

高手如林，同场竞技，身为多家整车厂供应商的宁德时代只能更加小心翼翼。毕竟，商场上是真正的利益为王。所有商家，包括新能源汽车生产商，都面临着价格竞争和成本的压力。主机厂只有选择质量高、安全、及时保证供货、便宜的电池，才能保证自己不被淘汰。

而能提供这些服务的，可以是现在的宁德时代，也可以是 LG 化学。

曾毓群十分清楚，商场无情，纵使现在仍有上汽及蔚来汽车等多家车企使用自己的电池并进行宣传，但是只要有其他厂家生产出比宁德时代更好或性价比更高的电池，那么大批车企会立即掉头。

内忧外患会压垮弱者，也会激发强者的雄心斗志。那么，在动力电池进入多国混战阶段，宁德时代又该如何调整策略，保持自己的优势，或者在新的领域实现进一步发展呢？

"双碳"目标下，加快储能新型基础建设

曾毓群的选择依旧是将企业发展融入国家所需，跟随国家发展脚步脚踏实地做实事。自 2020 年 9 月，中国在第 75 届联合国大会承诺"双碳目标"后，"双碳"目标成为了工业改革的重要导向。

"双碳"是中国对全球气候事业做出的光荣承诺，也在国际上展现了大国担当。但是"双碳"目标并不容易实现，在化石能源为主的今天，如何通过能源改革，提升非化石能源在一次性消费能源中的占比，将中国单位国内生产总值二氧化碳排放降到 25 亿万吨以下，成为国内企业家需要深入思索的问题。

"十二五"和"十三五"期间，我国加大了对新能源的扶持力度，从政策技术等层面强化扶持，实现了新能源从实验室研发到商业化推广的过渡，从小规模系统向大规模系统转变，尤其是在压缩空气能和电化学储能等领域，各项工作取得了较大的进步。

"十二五"元年，国家完成了张北国家风光储输示范工程电池招标工作。当时有多家企业前来竞标，以储能和动力电池为主营业务的宁德时代亦参与其中。经过层层筛选，宁德时代以 4MW×4h 的磷酸铁锂电池系统中标，与其他四家电池供应商一道，负责这一工程的电池供应工作。从此，宁德时代开始正式涉足储能业务。

张北风光储示范项目在建设初期，遇到的主要问题是电池的一致性和持续性问题。面对这一难题，宁德时代和其他厂家一样，没有经验，只能摸着石头过河，也花了很多时间和精力来做研发调配。

有付出就有回报，在全体工作人员同心共进下，宁德时代克服了"黑启动"难题，成为第一个也是唯一一个具备"黑启动"能量的供应商。该产品使用至今，获得客户的高度赞誉。加上大家注重效率，宁德时代也成为最早完成整体项目安装和调试的企业。在2014年，参与该项目的宁德时代总裁黄世霖入选"第一届全国电力储能标准化技术委员会(SAC/TC550)委员名单"，宁德时代也收获"年度优秀储能电池供应商"荣誉。

亮相国家级示范项目后，在动力电池的掩映下，宁德时代后续储能项目并不亮眼，除了在宁德时代历年财报中能够发现储能电池营收外，总体来说，储能营收起伏比例很大。看数据可知，自2014年至2019年，储能业务营收在总营收比例中占比分别为5.11%、1.56%、0.26%、0.08%、0.64%、1.33%，与之相对应的营收分别是0.44亿元、0.89亿元、0.39亿元、0.16亿元、1.89亿元、6.10亿元。可见这几年储能业务领域的营收浮动较大，但宁德时代在这一领域比较坚持，即便是在营收最差的2017，仍坚持将该项业务独立报告。

虽然收入上不亮眼，但宁德时代也在持续蓄力。"十三五"期间，宁德时代是国家动力电池重点研发计划的唯一的一个中标单位。宁德时代也没有辜负国家的期望，把储能电池寿命从千级提到万级别，也让单个储能电站能量达到100MWh。好产品自然有好口碑，宁德时代斩获了多项相关荣誉，并多次连续荣获"年度中国储能产业最具影响力企业"称号，以及高工金球奖、最佳储能工程案例奖。宁德时代的专家CTO Robert Lee Galyen(Bob)则获得"年度中国储能产业最具影响力人物"荣誉。

随着动力电池业务的成熟，储能电池成本下降，加上刚需持续凸显，国内储能产业的转折点终于在2018年到来。这一年，宁德时代开始发力，除了开设独立的储能事业部外，还进行了相关产业布局。宁德时代的储能业务主要集中在表前领域，培育新的经济增长极。

号称有4个"之最"的鲁能海西多能互补示范工程是一项大工程，是国内最大的电源侧集中式的储能电站，也是全球最大的虚拟同步机电化学电站，在容量上也占据龙头老大地位。这样举足轻重的工程其筛选供应商之严格可想而知。

但宁德时代还是顺利地成为了这一全国乃至全球储能领域具有重要地位的工程，可见大家对宁德时代在储能领域的技术和产品的认可。

储能工程投资数额大，离不开国家的支持。为此，曾毓群在 2019 年"两会"上，提出了"在西部大力建设光伏和风力发电设施并配套建设锂离子储能电站""推进西电东输""推广新能源汽车来提高资源利用率"的建议，希望和国家有更多合作共赢的机会。

经过前期蓄势和技术储备，以及面对市场改变进行的布局和导入，宁德时代储能业务正在驶入发展快车道，与福建省投资开发集团有限责任公司、福建星云电子股份科技有限公司、深圳科士达科技股份有限公司、易事特集团股份有限公司、国网综合能源服务集团有限公司、福建百城新能源科技有限公司、美国储能商 Powin Energy、日本 Next Energy and Resources 等成立合资公司或战略签约。曾毓群曾公开表示，"我们在发电端、电网端和用户端都做了很多努力，电化学储能方面进行了重点布局。"2020 年，在疫情的笼罩下，宁德时代依然以勇者姿态进行了 170 亿元的投资，其中 11.76% 投资电化学储能先进技术研发，88.24% 用在储能电池更新。与投入相匹配的是，储能系统营收也在增加，2021 年达到 136.2 亿元，较去年营收增加了 6 倍，储能电池产量市占率超越 LG，成为全球第一。

未来，储能大有可为。到 2025 年，新型储能的发展目标为 30GW，这为很多从事储能的企业带来了光明。宁德时代以更大的力度和强度涉足储能行业，现在，除了 pack 包，宁德时代还涉足系统集成。

"十四五"时期，国家重点推行的是碳达峰项目。伴随而来，新型储能也就成为重点发展项目。相信，"新能源 + 储能"不只是远景，常规火电配置储能以及智能微电网等也将更为普遍，加上西部大开发进行的大型风电光伏基地项目高密度建设期的到来，未来锂离子电池将会有更大的作为。

又踩在风口上：钠离子电池来了

发展新能源是中国对当下全球环境问题提出的一个战略性解决方案，也是发展重点，其中，电池领域是核心，电池材料研究是重点。锂离子性能在已知金属元素中最活跃，加上其密度最小，能量密度高，因此成为新能源汽车动力电池和储能领域的焦点，其热度一直居高不下。

在中、日、韩这些动力电池集中的国家，相关领域的企业都十分推崇锂离子电池，加上欧洲的禁油令，让全球锂电池需求量持续增加。而锂离子自身储量不足，且分布不均，在供需调节机制下，锂离子价格翻倍增长，矿石业内涨价声四起。

我国80%的锂离子依赖进口，锂离子价格居高不下，让矿产持有者占据市场红利，而动力电池商处于增收不增利的阶段。为破解资源困局，宁德时代选择了两条腿走路。一条腿就是加快锂离子等正负极材料的回收利用，通过自己收购，自己加工，并用于自身动力电池产品来解决。这在一定程度上缓解了上游锂矿资源的紧张，但是考虑到储能设备产量不断增大的实际，单纯依靠回收不能解决这一问题，于是宁德时代开始在海外开展锂矿布局。

但正如中国工程院院士陈立泉所言："如果全世界的车都用锂离子电池，锂离子储量根本不够，一定要考虑新的电池，钠离子电池是首选。"为突破核心零部件锂离子"卡脖子"问题，宁德时代又强化技术研发，准备换用地球储量较为丰富的钠离子来助力清洁能源的实现。

在这里，有必要和大家说说锂离子和钠离子的联系与区别。首先，两者都属于活泼金属，具有做电极的特性。但是，钠电池所使用的钠离子在元素排表中排名 13，落后于排名第一的锂离子，也就是说，它在反应中不能那么快被置换出来，整体金属活性不如锂离子活跃。从空间上来看，钠离子体积也比较大，因此在相同空间下，以钠离子为电极生产的电池的续航里程可能只有锂离子电池的一半，这是钠离子电池的劣势。

但与锂离子相比，钠离子储量丰富，分布均匀，不存在短缺风险，而且开采容易，成本比较低，约是锂电池的 1/3。加上钠离子总体成本为锂离子的 60% 至 70%，更利于实现从化石能源向清洁能源的转换。

电池的化学体系包括锂离子、磷酸铁锂等，已经建立了较为完整的电池化学体系，所以有些人觉得这一体系改变的机会不大。动力电池的未来还是在物理结构改进上。不过，宁德时代却认为，"电化学的世界，就像能量魔方，未知远远大于已知"，感觉电池化学体系仍有可为空间。宁德时代也持续关注这一体系发展，比如钠离子电池。第一代钠离子电池在 2015 年实现商业化，曾毓群就率领着宁德时代开展了钠离子电池开发工作，并于 4 年后获得钠离子电池相关专利。

2020 年，在锂离子电池火热激发锂离子资源紧缺这一现实之际，钠离子电池又逐渐回到了电池生产商的视野。宁德时代也极为重视，把它作为 21C 实验室中短期的主要研究方向。

曾毓群等人决定拿出数亿元投入到钠离子电池研发中，再加上宁德时代的高水平研发队伍已经超过 1 万人，以充分的资金和人才保障，确保能够在钠离子电池领域有所发展。公司的大力扶持，加上前期技术储备，让宁德时代站在了动力电池钠离子电池的新赛道的领航位置。在这一领域，宁德时代通过多年来积累的技术，解决了普鲁士白这种材料在循环过程中的缺点。普鲁士白在循环时，最常见的问题是容量容易快速发生衰竭，这一难题阻碍了其应用。宁德时代利用独有的空隙结构材料，解决了能量衰减导致的循环寿命不长的问题，实现了自身技术的新迭代、新突破。在确保产品能量密度和热稳定性的基础上，曾毓群等人于 2021 年 7 月 29 日宣告推出钠离子电池，正式开辟了动力电池竞赛的新航道。

须知，当时宁德时代的三元锂电池和王传福的刀片电池在自燃及安全性方面开始了系列竞争，包括"针刺实验"，而此时宁德时代推出的钠离子电池，具有十分重要的意义。

毕竟钠离子电池相对于磷酸铁锂来说更为稳定，也就是在高低温极端环境下性能更好。而且，从内阻上看，钠离子电池高于锂离子电池，所以即使短路，产生的热量也少，不会让电池温度出现较大的升高，减少了自燃的可能性。所以，钠离子电池的安全性也更好。

还有一点，现在锂价居高不下，甚至引发"电池荒"。钠离子电池的出现，无疑缓解了这一局面，而且也间接解决了我们因锂矿提纯能力不足导致的电池原料上被"卡脖子"的危机，在动力电池发展史上具有重要的意义。

钠离子电池除了能缓解当下的矿产资源危机外，其本身应用范围也较广。由于其储能特点，钠离子电池更适合应用在两轮电动车领域。当然，家庭储能，以及当下比较火热的数据中心也是钠离子的应用场景。而随着全面电动化时代的到来，相信未来钠离子的应用前景将会更为广泛。

资源分布广泛以及应用场景广泛的两大优势，让钠离子成为大家普遍看好的一种电池材料。不少业内人士认为，鉴于钠离子电池在储能、高寒区域，以及两轮电动车领域的独特优势，预估其有较大的市场价值。

作为成品，搭配有钠离子电池的智能电动自行车已经获得应用，当前局限在中科院物理所园区。与之同时，世界第一个钠离子电池储能电站项目也已开始试运行，项目地址在江苏溧阳。

　　放眼世界，当前国际上大概有 20 余家企业和研究单位在攻克钠离子电池技术，也有很多家企业在积极进行产业化布局。再加上碳中和时代的全球需求，行业多元化发展的新趋势，更激发了钠离子电池的重要性。总之，当前，由钠离子引发的新的风口已然成型，而曾毓群所率领的宁德时代，又一次走在了风口之上。

　　期待钠离子电池的新风口能够为宁德时代带来新的增长极！

精进之境：开发锂钠混搭电池包

时代在进步，客户对产品的要求也日益多元，唯有不断精进，在产品上持续地推陈出新，才能稳立桥头。2021年7月29日，钠离子电池如约来到众人面前。这款电芯单体能量密度高达160Wh/kg，虽低于磷酸铁锂，却高于英国Faradion公司设计的钠离子电池。当时英国研发钠离子电池的能量密度为140Wh/kg，可见，宁德时代所设计的钠离子电池已经达到了全球最高能量密度水平。这款电池破解了钠离子电池解离速度慢的难题，实现了和锂电池一样的快充功能，即使在常温下只充电15分钟，整个电池的储备电量也可达五分之四以上。

而且该款电池还保留着钠离子电池固有的优点，比如，电池自身有3000次的循环寿命，以及耐高低温优势。宁德时代公众号2021年披露的数据显示，这款钠离子电池即使在-20℃低温环境中，也能够持续保持90%以上的放电保持率。

可以说，钠离子电池的出现，是现有锂电池技术的补充，唯一美中不足的是，从性能上来看，磷酸铁锂电池能量密度为180Wh/kg，钠离子电池的能量密度为160Wh/kg，比当前主流的锂离子电池稍低。能量密度低有多个原因，但正如前文所说，钠离子不像锂离子那么活跃，加上钠离子体积较大，所以当下的钠离子电池能量密度较低，即使代表全球最领先水平的宁德时代的钠离子电池也不例外。

关于这一点，正如上文所说，曾毓群等人认为，可以对技术加以改造，比如在后续生产第二代钠离子电池时，整个能量密度会有所提升，应该能够达到 200Wh/kg。当然，技术开发并非易事，在第一代钠离子已经推出的当前，宁德时代也为其找到了合适的场景，比如二轮电动车和储能等。

同时，为了进一步赋予该款钠离子电池更广泛的应用场景，在公布单一钠离子电芯的同时，宁德时代也公布了锂钠混搭电池包，通过二者集成混合共用，提升可用空间。

那么，我们来看看宁德时代带来的新产品——钠锂混搭电池包。

宁德时代在发布会上说了钠离子电池和磷酸铁锂电池的不同。首先是从能量密度方面，还是磷酸铁锂占优势，毕竟这些金属活跃，能量较高。但是钠离子电池的能量密度也不是很低，只是略微低于磷酸铁锂电池。其次，钠离子电池的优势是很明显的，比如在低温环境中性能很好，能够实现快充等。这就满足了像西藏等高寒地区或者北极周围国家高功率应用场景。当然也有些人好奇，为什么宁德时代没有直接推出钠离子电池，而是选择了钠离子锂离子混合包电池，也就是锂钠混搭电池包。

这样做其实是为了提升产品质量。在这里解释一下，什么叫作钠锂混搭。钠锂混搭其实就是选择钠离子电池和锂离子电池进行混合搭载。具体比例宁德时代没有公布，但是公司却说明是设计了 AB 电池系统，将钠离子电池和锂离子电池集成放到同一个系统里。当然考虑到两种电池间参数不同，为了安全使用，采用了 BMS 精准算法，实现了钠离子电池和锂离子电池 2 种不同电池体系的平衡运行。

这种方法类似于混掺，这样做的优点是，提升钠离子现有的能量密度，把短板拔高，同时也继续保持钠离子电池高功率、低温性能好的优势；而且在保证储能和续航及快充效果的前提下，减少锂离子的使用，减少对锂离子的依赖；同时也总体提升了钠离子电池的性能，为锂钠电池系统拓展更多应用场景。事实上，在两轮电动车领域以及 A00 级低速新能源车领域，钠离子电池被认为是最合适的选择。

加之储能领域明确规定，重大储能项目不能使用三元锂电池，从而为钠离子开辟了另一个重要的应用场景。据民生证券研究院 2022 年预估，全球钠离子电池需求量现在为 35.1GWh，2025 年可能突破几百 GWh。

与此同时，宁德时代通过技术革新实现了钠离子电池的突破，当然，他们不满足这一点，还是希望钠离子电池能量密度能更高一些。所以当前正在紧锣密鼓，为研发能量密度在 200Wh/kg 以上的新一代钠离子电池做准备。此外，针对钠离子电池寿命较低的缺陷，华南理工大学熊训辉教授在和美国佐治亚理工学院材料科学与工程学院教授合作时，联合研发了一种新型复合材料，能够让其完成多个循环后容量保持率仍高达 83% 以上。

锂钠混搭电池包综合成本的降低，能够满足大众基本需求，这也有利于宁德时代以更低的价格成本去抢占市场；也有人预估钠离子电池将对现在以磷酸铁锂、三元电池为主的市场格局带来冲击。

钠离子电池和锂钠混搭电池包并不是宁德公司的一个概念产品，而是一个真正的行业方向。目前，宁德时代已经实现钠离子技术突破，实现产品推出；接下来的问题是如何进一步协调产业化布局，争取在 2023 年形成基本的产业链，为公司发展带来新的增长极。

宁德时代钠锂混搭电池的推出具有重要意义。首先是进一步凸显了我国动力电池企业在全球锂电池产业链上的领先地位。这种领先不只是市场占有率接近 30% 的销量领先，而且是技术上的领先，宁德时代的钠离子电池工艺技术已经位居世界前列。

其次，这一款电池的推出，对巩固我国现有动力电池市场占有率及霸主地位具有重要意义。在新赛道上领先，标志着我国动力电池将会在储能和二轮动力电池领域有更多更好的发展。当前，新能源持续深入推进，清洁能源越来越广泛，此时此刻宁德时代又一次快全球一步，未来，我国企业表现将会更加可期。

再次，钠锂混搭电池的推出，不仅震惊了国内动力电池行业，也引得国外诸多同行瞩目。2022 年 3 月 30 日，宁德时代上榜美国《时代周刊》，成为全球 100 家知名企业之一。

新能源企业家，永远在路上

陕西首位辞职下海，并一度成为陕西首富的郭家学曾说："企业家和创业者永远走在通往梦想的路上。"对于曾毓群等人来说，亦是如此。在国内动力电池市场探索积累阶段，当时技术未成熟，设备未国产，产业链未建立，一切百废待兴。这一阶段，曾毓群等人就像走在一条夜行路上，全靠自己摸索，自己实践，像母亲呵护孩子一样去呵护着自己的梦想。

在国家政策的支持下，动力电池渐渐迎来了野蛮生长井喷期，很多企业家跨界而入，赛道异常拥挤，此时的曾毓群等人，就像冲锋在前的战士一样，以品牌和技术领跑，抱着必胜的信心和坚定的意志去奋斗去实现自己的梦想。

当前动力电池领域走过了补贴调整反思、三国争雄混战的局面，已经发展到新阶段，但市场瞬息万变，曾毓群等人丝毫不敢放松。持续创业就是一场关于梦想的远行，永无止境；商业是一条充满竞争的路，企业家也一直在路上。

企业之行如逆水行舟，不进则退，在新能源领域亦是如此。

在低碳生活及绿色智能成为众多行业发展新方向的当今，新能源如高山蓄水，蓄势待发。加上动力电池应用前景广阔，市场容量大，更引得众人加盟。国内如格力董明珠投资银隆，国外如苹果等众多大牌企业跨界加入。

曾仕强曾说："聚众莫涉。"以往的经验告诉曾毓群：不进则退，尤其是竞争激烈的商海，更是没有谁能持续领先。唯有看淡过去的功劳，朝着目标拼命奔跑，才能有所作为。如果想要单纯依靠人情聚众，或者躺在大家拥挤的发展区域享受过往，企业就要消亡。在动力电池赛道拥挤的时刻，曾毓群抓紧风口，持续布局。具体做了如下调整：

一是涉足智能交通。这主要表现为与信息和 5G 智慧领域表现突出的华为，以及长安汽车这一知名整车生产商等携手共同运营"阿维塔"项目。阿维塔是国内顶尖的高端智能电动汽车品牌，以 CHN 为平台，目前已正式运营，并推出了第一款车"阿维塔 11"。合作开发汽车，是宁德时代又一次深入，标志着公司已经从过去单纯的动力电池包的生产商正式介入到智能交通建设领域。

二是更新迭代，进一步智能化了自己的生产工艺。众所周知，TWh时代要求更高的生产效率，更高的质量，这无疑是要求企业能源管理进一步优化，工艺方式流程进一步提质增效，要求设备制造和安全性能全面提升。为了积极迎接这一挑战，宁德时代积极借助时代之力，利用数字化智能控制技术来提升效率。当前数字化智能技术，能够感知电池生产所有工序，能够监控并进行校正和审验相应的参数，同时为后期追溯提供了可能。除了数字化智能技术，还有 AI 技术助力，AI 技术助力宁德时代实现了生产线的闭环控制管理。而工业物联网技术以及柔性自动化技术也被用来提升电池生产工艺水平。比如，全球首家零碳排放动力电池生产基地——宁德宜宾生产基地就因为采用智能循环绿色生产工艺，让生产线速度提升 17%，优率损失下降 14%，并成为灯塔工厂。

灯塔工厂，顾名思义是对我们这个时代有指引作用的某些工厂。这一项目主要由麦肯锡和达沃斯世界经济论坛一起开展，他们在全球范围内寻找并遴选，强调智能、环保的先进工厂理念。一般来说，能够被选为灯塔工厂，就说明这个工厂的技术水平等达到世界最先进。四川宁德时代宜宾生产基地以及宁德总基地能够被纳入其中，足见大家对宁德时代开展的"数字化制造"的认可。事实上，很多曾经在这两家工厂参观过的人也表示，这两个工厂也确实是当前"全球化 4.0"示范者，技术实力位于全球制造业智能制造和数字化顶尖水平。还有一点值得一提，全球入选灯塔工厂的锂电池工厂只有这 2 家。

宁德时代在工艺上的改革，也获得了时任政协副主席、中国科协主席万钢的高度肯定。他曾在调研中指出："这次来宁德时代，看到了企业的高质量发展，你们的模拟仿真和生产中的数字流程做得很好，接下来希望你们可以将仿真链、生产链、产品链、供应链、服务链进行集成，建成全流程数字化工厂。"相信未来的宁德时代会给我们带来更多进步。

此外，产品领域进一步优化。如今，电芯早已不只是整车"心脏"的配套装置，人们希望它所蕴含的动力能带来更多体验，以及更多用能环境和自然环境的改变，比如清洁能源。宁德时代亦是如此，已经不局限于成为世界第一的动力电池企业。

2021 年，重庆长安汽车股份有限公司、华为、宁德时代，聚合长安汽车展开合作。主要是想要共同打造智能电动网联汽车平台（CHN）高端新能源品牌（AB 品牌），预计在"十四五"期间推出五款车，这是物联时代智能车的新导向。

其中，曾毓群围绕自身动力电池核心业务，聚焦的区域主要是可再生能源和电动汽车高效协同发展新领域，表现为既与华为以及整车商家合作共同打造智慧交通，也注重聚焦太阳能丰富的区域，利用风力发电、光伏发电等协同调度配合充电桩及其他应用场景的建设，并通过"光储充放"新型充换电技术创新应用以及"换电"，来深入促进电动汽车与电网能量高效互动，带动智能微电网技术的发展。

技术创新永不过时，在多元化发展的同时，宁德时代持续抱紧技术这一核心，注重培育，强化研发，这也让宁德时代体现科技水平的专利申请持续增速，保持了行业第一的高增速，让宁德时代连续 5 年进入福布斯"中国创新力 50 强"企业名单。

在新能源航道，曾毓群等有所坚守的企业家一直在前进的路上。期待宁德时代在他们的带领下，给世界带来更多的精彩。

全球版图：时代为引，"绿"动全球

山河虽异，风月同天，地球只有一个，需要我们共同维护。人类因科技而自由，生活因绿色而美好。绿色是中国的需求，是地球的需求，更是世界的诉求。宁德时代积极参与国内储能事业的同时，也着眼全球市场，持续"为人类新能源事业"不懈奋战，用行动缔造更大的绿色梦想。

关于宁德时代的全球版图，前面已有所叙述，主要分为磷酸铁锂资产的布局及动力电池生产布局。宁德时代主要是通过与世界知名车企定点合作的模式展开全球布局，所以初期主要以汽车之乡德国等欧洲国家为主。在接到特斯拉订单后，逐步开始在美国得克萨斯州布点。后又聚焦日本等东亚国家。当然，有一个地方宁德时代不曾忘却，那就是大洋洲澳大利亚。

与其他国家不同，澳大利亚有亮点优势。首先是光能丰富，澳大利亚每平方米太阳辐射量位居七大洲之首，在新能源领域具有得天独厚的光伏发电优势。光能作为清洁能源，在未来大有可为。其次是澳大利亚西部有储存量丰富、分布广泛，同时开采条件又相对优越的锂精矿。实际上，生成效率高、成本较低的澳大利亚锂精矿一直是国内锂的重要来源。最后，政策红利。近几年，澳大利亚政府对新能源也较为重视，澳气候变化和能源部长克里斯·鲍文在美澳印太战略对话上曾说，"澳洲政府正在将气候政策置于内政外交的中心位置"。近期，澳方政府推行了数次新能源政策，比如 6GWh 战略目标等，取得了一定成效。

"好的气候政策就是好的经济政策，也是好的能源安全政策。"为进一步提升新能源战略实施，澳方政府在匹兹堡"全球清洁能源行动论坛"发表宣言，决定在未来 86 个月里将会投入 30 亿澳元的国家重建基金用于可再生能源的投资，以确保在 2030 年完成减排任务量 43%，清洁能源供电量占全网供电量 82% 的目标。

路径虽有，但正如克里斯·鲍文所说："劳动力短缺和能源供应链限制是实现能源目标的两大阻力。"与此同时，当前中国是全球最大的太阳能光伏产品提供商，提供了占全球市场 80% 以上的太阳能光伏产品，未来这一数值可能会继续增加，达到 95%，是澳大利亚不容小觑的合作伙伴。

事实上，作为全球领先的新能源创新科技公司的领路人，曾毓群已经带领宁德时代与澳大利亚在多个储能电池项目上展开合作，比如，为新南威尔士的一家医院进行屋顶光能储备。当然宁德时代还展开了其他项目，比如西澳大利亚州的并网电池储能项目，这是该州第一个大型储能项目。此外，还有南澳大利亚州托伦斯岛的一个电池储能项目，总量为 250mwh。同时，在维多利亚州与私人合作，开展了澳大利亚最大的私人投资储能项目。

合作有所开展，只是深度和广度仍需进一步拓展。基于这一点，为进一步提升合作的深度和可能性，2022 年 10 月 26 日，宁德时代储能全场解决方案首次亮相澳大利亚全能源展（all energy Australia）。澳大利亚全能源展可是当地规模最大的展览会，也是国内国际广为关注的清洁能源展会。

宁德时代本次出征具有重要意义，既能通过参与澳大利亚储能展获得更多的消费市场，也能通过全方位展示自己的储能业务和技术实力来为后续政企合作进一步奠基。

除了征战澳大利亚外，宁德时代还剑指美国，积极与美国公用事业和民营事业的各类运营商建立合作，主要领域是光伏和储能。在这期间，美国投资 12 亿美元用于内华达州拉斯维加斯附近的光伏储能项目。这个项目是美国最大的光伏储能项目之一。而宁德时代和其他运营商一道，为 Gemini 项目独家供应电池。

此外，在汉诺威商用车及零部件展览会（IAA）上，宁德时代还与瑞士的基布兹（kyburz，现今为瑞士最大的电动车制造企业，以生产新能源汽车和公用高科技产品为主）和德国的 Trailer Dynamics（一家物流长途卡车生产企业）等整车企业签订合作协议。

宁德时代能够拓展海外，有其本身主动进取的原因，也依赖于海外高度繁荣的市场。当前光伏、储能等领域下游需求相当旺盛，根据 Wood Mackenzie 统计，全球新增装机中，每 10 个中就有 3.8 个在美国。事实上，2021 年，其电化学储能新增装机总数已经达到 3.58GW/10.5GWh。相较于过去，可以说是持续高速增长，最近两年，增速更是超过 200%。除了有繁荣的储能需求市场和广阔的市场前景，宁德时代能够在众多应聘企业中被选中，也是因为这些国外巨头对中国电池行业的认可。富士通中国的首席执行官 Ty Daul 也认为："宁德时代是电池行业的技术领导者。" Trailer Dynamics CEO Abdullah Jaber 也曾说："高质量、高性能、耐用是电池的卖点，这也为我们的产品竞争带来至关重要的转折。"

此外，2023 年 6 月 21 日，美国《时代》周刊公布了"全球最有影响力的 100 家企业"，宁德时代入选。2023 年 7 月 13 日，在颁奖典礼上，宁德时代凭借突破性的麒麟电池技术，再度荣获德国法兰克福举办的汽车创新奖颁发的"最具创新力车企供应商——动力总成"类别大奖；可见宁德时代国际影响力和国外企业对宁德时代领域地位的认可。

此外，宁德时代与东南亚国家合作频频，首先与泰国 Arun Plus 有限公司（Arun Plus）达成 CTP（高效成组技术）合作协议，后续将展开相关合作。2023 年 6 月 14 日至 16 日，宁德时代携全新升级的全场景储能解决方案参加了国际电池储能技术博览会 (ees Europe)，宁德时代海外展台吸引近百家头部企业深入洽谈，3 天签订了超过 40GWh 合作协议。而宁德时代的储能解决方案，已被全球大型重点储能企业所接受，并广泛应用。储能企业的认可，也让宁德时代储能电池出货量连续两年位居全球第一。

2023 年 7 月 21 日，宁德时代与美国老牌汽车公司——福特汽车公司建立全球战略合作关系，进行基于 CTP 技术的磷酸铁锂电池和其他电池技术方面的相关合作。整体来看，宁德时代前期布局的海外市场初有收益，海外市场布局依旧动作频频。

潮涨潮落：时代的机遇与隐忧

对于所有投资者来说，2022—2023 年堪称"噩梦"时期。新的投资领域还没有雄起的迹象，曾经作为"高科技"代表的新能源行业在经历了 2021 年牛市后，也渐渐走向平常，日趋接近 10 倍左右的传统制造业估值。

而曾毓群率领的宁德时代，作为新能源行业的领头公司，自然受到了更多的评估和怀疑。尤其是在 2023 年 3 月份，宁德时代以每股 4.1 澳元出售澳大利亚锂业公司 pilbara minerals 1.46 亿股份后，"收缩策略""产品过剩""盈利能力下降"似乎成为挥之不去的阴云。当日宁德时代收报 400.80 元 / 股，跌 2.67%，市值 9790 亿元。

事实上，立足国内市场，政策红利消失后，宁德时代已然错过了最快发展期，但从宁德时代年度报告来看，失之东隅，收之桑榆，国外布局的力量正在显现。

相关数据显示，2022 年，宁德时代以 37% 的市占率连续 6 年蝉联全球第一，可以说宁德时代全球市场份额仍保持相对稳定，尤其是海外市场，增长迅速，与宝马等海外车企定点合作成效凸显，欧美二洲市场份额稳居前三。此外，宁德时代营业总收入突破 3000 亿大关，达 3285.9 亿元，同比增长 152.1%；净利润达 307.3 亿元，同比增长 92.9%，从入账上来看，海外营收占比增长明显，盈利能力稳中有升。

至于 pilbara minerals 1.46 亿股份抛售，则与宁德时代锂矿布局有关。

事实上，宁德时代在全球锂矿资源布局较早，如在北美、印度等地皆有布局。其中澳大利亚 Pilbara Minerals 近 7% 的股权是在 2019 年获得的。当时，宁德时代以战略配售投资的形式，以每股 0.3 澳元价格购买了 Pilbara Minerals1.833 亿股股票，总投资为 5500 万澳元。现在以 8.56 亿卖出，相当于 3 年多时间狂赚 8.01 亿澳元，收益高达 14 倍，可谓收获颇丰。

当然经济效益难以直接说明宁德时代此举非被动所为，毕竟大环境确实不佳。不少迹象表明，拥有优质锂矿的美国、加拿大、澳大利亚等国家已密集出台多项政策来收紧海外企业对本国锂资源的并购行动；众多投资结果也昭示澳矿持股包销模式的结束。虽有无奈，但这一举动，其实也关乎宁德时代自身动力电池销售策略的调整。

在锂价格居高不下的现实下，曾毓群也饱受压力。毕竟动力汽车的动力电池和马达一样居于核心地位，但是成本却很高。一辆成本为 10 万的电动汽车，动力电池成本就占据 6 万元。再加上市场竞争激烈，其他整车商获利空间大大受压。为了解决这一问题，大家纷纷寻找新出路，有些企业通过自建电池生产部门来解决，有些企业则寻找其他供应商解决这一问题。

对于宁德时代来说，解决这些问题的关键是讲一步通过压价来降低锂的成本，通过薄利多销解决这一问题。考虑到整体情形，这一条路似乎也有实现途径。

首先，锂矿资源的关键不在于矿山的占据，而是提纯技术的发展，曾一度涨至 59 万元 / 吨的电池级碳酸锂价格开始下滑，创造了 1.5 月下跌约 20 万元的纪录。再加上国际政策略有所收紧，此时出售手中锂矿资源不是一个坏的选择。其次，后续宁德时代对理想汽车、蔚来汽车等多家战略客户开启的"锂矿返利"计划，即承诺"未来 3 年，以 20 万元 / 吨结算的碳酸锂价格换取 80% 的电池采购量"。在抢占国内市场的同时，也说明宁德时代在锂价上有了更多的话语权。此外，宁德时代在钠离子电池上的突破，减少了对锂的依赖。最后，宁德时代锂云母和锂辉石资源布局有所调整。宁德时代矿产资源面向国内态势日趋明显，2020年在宜春布局自有矿山，并与四川宜宾合作开发李家沟锂矿资源，并在多个运营项目上取得了突破性进展。

总体而言，尽管这两年，宁德时代遇到了一些问题，但从其去库存率、盈利能力及海外布局情况来看，目前虽有所影响，但仍有一定的可为空间。

"花无百日红。"持满而不溢本就很难，曾毓群等人也清楚，没有任何一个企业能靠一个产品持续处于不败之地，高科技产品行业尤其如此。让企业稳步发展的方法只有一个，那就是依托时代所需，持续寻找风口，满足客户要求。立足于新能源领域的宁德时代，仍然认为该行业发展前景广阔，持续加大钠离子电池、M3P电池、凝聚态电池、无钴电池等电池，以及全固态、无稀有金属电池等电池研发和适量生产。与之同时，聚焦新的领域，如智慧终端、储能领域等，他们认为随着新能源车竞争力逐步提升、储能政策持续支持，未来将保持较快增长。

东方不亮西方亮，宁德时代2022年官网信息显示，截至10月份，宁德时代当下和国家能源投资集团有限责任公司、国家电力投资集团有限公司、中国长江三峡集团有限公司、中国华电以及Tesla、Powin等国内外企业建立合作，储能市场占有率全球第一。

此外，接轨全球标准攻占海外市场。环保先锋欧洲的《欧盟电池和废电池法规》规定：2027年起，动力电池进入欧洲需持"数字护照"，也就是电池护照。电池护照是物理电池的数字护照，可通过记录电池的制造商、材料成分、技术规格、碳足迹和供应链等相关信息实现对动力电池全供应链的透明化数字管理，从而为用户提供电池可持续性表现的质量保证，从而促进快速扩大可持续、循环和负责任的电池价值链的构建。

宁德时代于2023年入选GBA（全球电池联盟）新一任董事会，曾毓群也曾表示"我们高度认同国际电池联盟的哲学和发展目标",说明了宁德时代将会以积极的态度应对这件事情。有媒体提出,电池回收是新能源行业的"第二增长极"。宁德时代在 2023 年初投出 238 亿巨款,加码动力电池回收业务,或与应对"电池护照"的提前布局有关。

宁德时代也积极牵头推动国内电池护照落地,2023 年 3 月,作为宁德时代的董事长和全国政协委员,曾毓群在 2023 年全国"两会"期间提交了《关于开展我国动力电池护照及配套政策研究加强电池产品全生命周期管理的提案》,呼吁全国加快建立以适应海外市场的出口需求。

君子藏器于身,待时而动。整体来说,我国新能源产业优势大,出口多,宁德时代还是有很多机会。当然,曾毓群也清楚,很多事情不是个人能决定,需要天时地利人和的时机。唯有相关部门进一步完善电力数据结构和绿电确权工作,厘清各种清洁电力的电力证明和交易机制后,他们才能有所作为。

再一次地搏：更大的绿色梦想

2022 年，供应商大会如期召开。曾毓群作为主办人，在会上指出"新能源产业已经从萌芽期走入成熟期"，确定当前新能源产业的高速发展已经是板上钉钉的事实；并进一步引领供应商看到，这一行业有更多竞争者进入其中。用他的话说："全球最优秀的企业都加入到新能源产业赛道"。强手如林，想要取胜分外困难，曾毓群为此指出大家携手共同打赢"三大战役"，以进一步在后续 10 年里，占取 10 倍增长空间。

而要抓住这 10 年 10 倍的增长空间，曾毓群等人认为需要打赢"创新之战""成本之战""绿色低碳之战"。

打赢创新之战，不只是宁德时代一个集团，而是需要整个生产链所有供应商伙伴们加大创新投入，持续提升技术能力，提升产品的整体技术水平。一直以来，宁德时代都重视产品上的革新。曾经参观宁德时代工厂的人表示，宁德时代工厂环境好，都是智能化生产，其无尘车间只用 1 秒钟就能生产一个完整的电芯。而且新产品 4C 超充电池，通过增加充电信号的快速响应、缩短锂离子嵌入距离、提升导电率等，达到快充与续航的兼顾，能够实现充电 10 分钟，续航 400km 的完美平衡。除了技术上的革新，宁德时代还在与众多商家一道推行电动化革新，目前来看，仍然有多个领域需要填补空白。

打赢成本之战，则需要在技术、材料上狠下功夫，持续提升电池的性价比。如何进一步实现持续的降本增效，是需要认真考虑的问题。除了通过技术革新，材料压价，降低生产成本外，通过交易方式改变，提高交易效率和质量也是可行的措施。

打赢绿色低碳之战，既是满足国家要求，也是增强自身新竞争力的必需。宁德时代 2023 年已经启动了 CREDIT 计划，和供应商统一节能减排，争取实现零碳目标。宁德时代剑指零碳已经很久。4 月 18 日发布的"零碳战略"，更是提出了"2025 年实现核心运营碳中和，2035 年实现价值链碳中和"的目标，5 月成果终于显现——率先提出了全球首个零辅源光储融合解决方案。至此，宁德时代切切实实成了零碳战略的排头兵。后续，宁德时代将会继续在储能系统运营效率、响应速度、使用寿命、耐用性和安全性等方面持续发力，以身作则，身先士卒带动整个新能源行业的零碳升级。

绿色环保，换电风口。自 2022 年 4 月 18 日厦门成为首个"小绿环"城市以来，合肥、贵阳、福州，每个城市都在 2-8 公里服务半径内寻到 24 小时快换站。以换电践行绿色理念，降低成本。

创新迭代，超充登场。任何被称为高科技式产品都是因为其稀缺性，但作为产品普用性又是市场要求。所以想要兼顾两者平衡，就需要修正为创新而创新的科技理念，切实立足客户所需，创造每位消费者都能享受到的先进产品。快充是困扰消费者的一个难题，宁德时代通过超电子网正极技术、石墨快离子环技术以及超高导电解液，超薄 SEI 膜等材料及材料体系和系统结构的全方位创新，实现了在全温域范围内的充电 10 分钟，神行 800 里。凭借麒麟、M3P 和神行这些技术，新能源汽车和传统汽车的壁垒逐渐消失，将进一步提升新能源汽车在全球汽车市场份额占比。

国外拓展不停，国内储能领域依然强劲。今年国内大型储能示范项目已经有一百六十余个，涉及的储能规模已经超过 12.9GWh 和 20.3GWh，总储能已超过 40GWh。目前，宁德时代已经与河南省人民政府、青海自治区、山东省部分市区建立了储能合作关系，全力铺就自己的储能网络。

从最开始的 KWh 到 MWh（兆瓦时），再到现在的 GWh（亿瓦时），以至即将到来的 TWh（亿千瓦时），进步的不只是新能源发电单位的改变，更是新能源领域的高科技创新。相信，随着 TWh 的到来，将会有更多的清洁用电进入我们的生活，改变我们的环境。

发展新能源，保护蔚蓝地球，是全球的共识，也是我国力推之事。"十四五"元年，新能源赛道蓬勃发展，各类成果令人欣喜，具体表现为新产品新技术层出不穷，新领域新标准日益多元和细化，新的应用场景持续开发……新能源的春天已然到来。

事实上，2023 年，喜讯频传。1 月份，中国汽车出口量位居世界第一，同年 8 月比亚迪成为全球首个达成 500 万辆里程碑的车企。此时，中国生产销售的新能源汽车占据全球市场份额的 60%，中国新能源汽车专利公开量占全球的 70%，全球有超 63% 的动力电池由中国供应。足见中国有创造世界级汽车品牌的基础和实力，而中国人也将在汽车产业和新能源行业以一批令人尊敬的世界级品牌来展现中国力量，讲好中国故事。

春风起，百花开。回望过去，在从政策扶持进展到各个企业开展平价竞争的潮流中，宁德时代成功取胜；也曾在"产能＋技术"全球鏖战的新的大势中，从浪潮的追随者变成浪潮的引路人。

星光不负赶路人。希望宁德时代在曾毓群及其核心团队的带领下，能够实现"三大代替"的伟大战略目标，也期待我国乃至全球的新能源行业能推陈出新，星光熠熠，让新能源和清洁能源的时代早日到来。

附 录

名 言 录

◎光拼是不够的，那是体力活；赌，才是脑力活。

◎作为高科技企业，想要较好地发展，其实有三个重要的方面：第一个方面是一定要一直保持科技领先；第二个是维持卓越运营；第三个就是对客户的服务。其中科技上的持续领先领跑是最重要的因素。

◎有了基本功，有了想象力之后，就可以不断有新的创新出来。

◎我们能力差一点，就专注做一个东西。

——曾毓群回答"为什么不生产整车的提问"

◎我们是搭台子的，就是我们搬砖打基础的，他们是在台上演各种各样不同的戏。

——曾毓群在与沈南鹏对话时回答"整车商和电池生产商的关系"

◎我们常说要做英雄豪杰，"杰"是十人选一个，"豪"是百人选一个，"俊"是千人选一个，而"英"是万人选一个。

——交大建校125周年活动曾毓群答师弟提问

◎在ATL的时候，我也从来没有感觉过有万事俱备的时候，我们的发展是在日常工作中，大家一起挑战一个个不可能，所以不要给自己设限，套上很多不可能。把不可能变成可能，才是真正的、我们需要的一个精神。

——曾毓群为ATL品牌宣传致辞

◎我们不是黑马，我们是厚积薄发。

◎我们是在全面竞争中成长起来的。全面竞争很好，能促进进步，没有竞争就是闭门造车，所以我觉得国家讲全面开放、全面竞争是对的。

◎没有压力是不会有进步的，最终我们肯定要在压力中前行，在压力中去创造，英文叫 No pain no gain。

◎日本人发明了锂电池，韩国人把它做大，中国人把它做到世界第一。假如我们不是世界第一，我们没有存在的价值。

◎只有为客户创造了价值，最终我们才能发展。

◎从可靠性来说，越复杂的东西，可靠性是越难搞，我通常会喜欢简洁化。

◎我们不能只是"起个大早赶个晚集"，要思考如何在竞争与合作中持续保持领先优势。

◎我们基本上是不能偏科的，全部产业链都做。

◎我们目前在做的有三个方向，其中一个方向就是希望以动力电池为核心，把移动式的化石能源替代掉；第二个，我们还希望在储能跟发电领域，尤其是新型的太阳能电池方面结合，能够把固定式的化石能源替代掉；第三个，我们希望在特定领域，智能化跟电动化的一些合作，比如说从挖矿、钻探到碎矿石、运矿石，所有的东西都可以无人化。

◎当我们躺在政策的温床上睡大觉的时候，竞争对手正在面临生死关头玩命地干，一进一退，其间的差距可想而知。

◎电池材料的供应链会有巨大变化，老说磷酸铁锂和三元，这话不合适，因为后面还不见得是磷酸铁锂，也不见得是三元。

◎没有钱的承诺是不认真的。

◎企业发展就像马拉松赛跑，你不能歇着，要一直有目标。

◎科技领先靠什么呢，其实最重要的还是要靠创新。

◎科技创新是高质量发展的强动力。

◎创新，是宁德时代的核心竞争力。

◎科技创新的目的从来都不是为了扩大世界的差距，它的目的一定是大众的、科技平权的。

◎科技创新，突破技术壁垒；科技平权，带来价值共享。

◎我们公司的文化就是"练好基本功，发挥想象力"。

◎我们正在推进与长期战略客户的沟通；不是降价，而是我们获取了一些矿场资源，不想赚取暴利，长期战略如顺利落地，有利于客户，有利于行业；公司的自有矿可以覆盖该次行动涉及的锂盐当量，仍将保持合理的利润水平。

◎我们认同行业专家观点，中国汽车产业应该坚持开放发展的总方针，公司走向海外，进入发达国家市场，是中国汽车企业发展的高阶阶段，在市场经济的条件下，尽可能合规发展是企业的本能。走向海外不会影响中国动力电池产业的技术领先地位，宝马奔驰等车企在美国建厂几十年依然保持技术领先。

◎新能源车的渗透率并不等于电池的渗透率，大家只看到了乘用车新车的渗透率，而没有看到其他电池应用的巨大需求空间，未来仍有十倍以上空间。

◎我不想只做车企的一环，而是靠自己，让车企离不开我。

◎不能只考虑技术路线，产品路线更重要，商品路线是第一重要的。

◎宁德时代坚持"顶天立地"的研发链条，"顶天"是适应国家战略需要，"立地"是适应企业和市场发展需求，通过两者的有机结合，去布局我们的前沿基础研究、应用基础研究、产业技术研究和产业转化。

◎要有一个长远的规划，2025年汽车行业会怎么样？2035年会是什么样？我们需要做怎样的准备跟规划？跟谁合作？人无远虑，必有近忧。

◎不能把苹果跟橙子放在一起比。大家总是觉得可能德国宝马的生产线如何自动化，我们生产线好像没宝马好。但其中有一些中国国情在里面。

◎"修己"是把核心技术做好，"达人"是公司的产品能够帮助到客户，在市场上取得成功。

大 事 记

1968 年 3 月	曾毓群在宁德市（当时为宁德县）岚口村出生。
1982 年 9 月	曾毓群考上了福建省知名高中学府，也是当地首批重点中学，现在仍然存在的宁德一中。在这里，曾毓群遇见了携手奋战三十余年的老合作搭档黄世霖。
1985 年 9 月	曾毓群以全校第一的高考成绩，考入了国务院批准的第一批国家重点发展的高等院校，也是中国历史最悠久的大学之一——上海交通大学，成为了船舶工程系的一名学生。
1989 年 7 月	曾毓群从上海交通大学毕业，获得船舶工程系学士学位，进入福建省福州的一家国企。
1989 年	曾毓群进入东莞新科电磁厂工作。新科电磁厂母公司 SAE 是日本东京电气化学工业株式会社（Tokyo Denkikagaku Kogyo K.K，简称 TDK）设在香港的全资子公司，属于全球最大的磁盘供应商，年营收高达 10 亿美元。曾毓群从公家人员变为 TDK 技术员，成为了投身 OEM 产业的第一批大陆人才。
1997—2001 年	用三年时间，曾毓群作为在职生，获得了华南理工大学电子与信息工程系工程硕士学位。

1999 年　曾毓群成为 TDK 首位大陆总监。10 月，梁少康、陈棠华、曾毓群三位主要创办人联系了黄世霖、赵丰刚、孔剑威、陈卫、吴凯、张毓捷等合伙股东，以多达 16 位的创始人创建了新能源科技有限公司（Amperex Technology Limited，简称 ATL），立志将其打造为消费类锂离子电池全球龙头企业。

2001 年　ATL 东莞白马厂区成立；ATL 内置锂电池首次应用于蓝牙耳机；截至当年，公司累计出货量达 100 万颗电芯。

2002 年　曾毓群在工作之余考取了中国科学院这一知名院所的博士生。曾毓群主要是在中国科学院物理研究所开展学习，专业是凝聚态物理。在这一阶段，曾毓群的博士生导师是陈立泉。博士研究生在读期间，曾毓群在北大核心期刊上发表过三篇论文，并于 2006 年获得该专业博士学位。同年，ATL 开发了内置锂电池，这款锂电池是为便携式 DVD 而研发，也是国内首次应用。在这一年，ATL 因其过硬的运营数据和产品质量位居全球代工厂家先列 (OEM)。

2003 年　ATL 成功研发出聚合物异形锂电池并应用于 MP3。

2004 年　ATL 锂电池首次应用于笔记本电脑。

2005 年　曾毓群在内的三位创业者不得不将公司所有股权以 1 亿美元价格卖给新科母公司日本 TDK，ATL 成为 TDK 旗下全资子公司。

2006 年　ATL 搬迁到东莞松山湖国家级高新科技产业园区。也是这一年，ATL 累计电芯出货总量已经超过 1.5 亿颗。

2007 年   曾毓群意识到动力电池的发展潜力，提出做动力汽车电池。这项提议得到了陈棠华和张毓捷的支持，没有获得 TDK 的认可。

2008 年   3 月 14 日，ATL 二次创业，宁德新能源科技有限公司在福建宁德市蕉城区漳湾镇新港路 2 号成立了总部。曾毓群获得国家科学技术进步二等奖、2007 年度教育部技术发明二等奖、福建省高层次创业创新人才及全国五一劳动奖章等荣誉。

2009 年   荣获"东莞十大经济人物"。

2011 年 12   宁德时代新能源科技有限公司（CATL）在宁德成立，
月 16 日   彼时 TDK 占据 15% 的股份。同年，参与当时全球规模最大的风光储输示范工程——张北储能项目。

2012 年   与德国宝马集团展开战略合作，共同为之诺 1E 研发动力电池。

2013 年   宁德时代在西宁开建基地完工；同时公司为全球最大客车厂也就是宇通，开发客车项目类的动力电池，为后续深化和全面合作奠定基础。

2014 年   曾毓群获得"福建省优秀科技工作者"表彰。同年，宁德时代在德国设立全资子公司。

2015 年   TDK 通过股权转让的形式，将股权转让给了宁波联创，宁德时代变成了一家 100% 中资企业。同年，收购邦普，布局回收。2015 年 11 月，工信部分四批公布了符合条件的企业目录，宁德时代出现在 2015 年 11 月 11 日公布的第一批名单中，位居榜首。

2016 年   宁德时代成为白名单的获利者，宁德时代新能源院士专家工作站正式运营。

2017 年	在日本、法国、美国、加拿大，设立全资子公司；与中国的上汽集团成立合资公司。也是在这一年，宁德时代登上全球装机量第一的宝座。
2018 年 1 月 14 日	曾毓群获选为政协第十三届全国委员会委员。同年，宁德时代在深圳市股票交易所上市，成为创业板第一家独角兽企业；与东风汽车、广汽集团分别成立合资公司；溧阳生产基地投产。
2019 年	与吉利汽车、一汽集团分别成立合资公司；设立国家工程研究中心。
2020 年	曾毓群被评为"2019—2020 年年度全国优秀企业家"。宁德时代与隶属于国家电网的 2 家储能合资公司展开合作；同时参与中国规模最大的电网侧站房式电池储能电站也就是晋江百兆瓦时级储能电站建设工作；成立 21C 创新实验室。
2021 年 2 月	与特斯拉签订协议。同年 5 月 4 日，曾毓群荣登福布斯全球富豪榜香港地区首位，个人财富达到 345 亿美元。7 月 29 日，公司新一代钠离子电池正式发布。12 月，曾毓群获评"2021 年最具零碳力量创始人""中国经济年度人物"。同期，曾毓群向上海交大教育发展基金会捐赠自己任职公司的股票，数量为 200 万股，按当时市值来算，总额接近 14 亿元，捐赠排名仅次于碧桂园和万科。同年，宁德时代动力电池系统使用量继续"五连冠"；储能电池产量市占率全球第一；被世界经济论坛评为灯塔工厂；宜宾、临港生产基地投产；与中国华电、国家电投、三峡集团、国家能源集团、中国能建等电网电力集团战略合作；参与建设英国门迪储能电站，这是欧洲最大的电网侧单体电池储能电站的项目之一。

222 | 先立后破：动力电池领跑全球的传奇与秘密

2022 年 1 月	曾毓群被评选为"2021 年中国民营经济十大新闻人物"。3 月 30 日，"宁王"曾毓群成功入选了美国《时代》周刊（TIME）"最有影响力的 100 家企业"榜单。SGS 为宁德时代的宜宾基地颁发碳中和认证证书；发布换电服务品牌 EVOGO 及组合换电整体解决方案；发布第三代 CTP 技术——麒麟电池。
2023 年 3 月 19 日	宁德时代凭借技术创新以及在绿色低碳方面的突出表现脱颖而出，成为锂电行业首个获得中国工业大奖的企业，也是福建省首个获得该奖项的企业。
2023 年 6 月 21 日	美国《时代》周刊（TIME）将宁德时代纳入"最有影响力的 100 家企业"榜单。
2023 年 7 月 13 日	在颁奖典礼上，宁德时代凭借麒麟电池技术，荣获德国法兰克福举办的汽车创新奖"最具创新力车企供应商——动力总成"类别大奖。
2023 年 12 月 15 日	神行超充电池成为全球动力电池行业首个获得 AUTOBEST 最佳技术（TECHNOBEST）奖的产品，宁德时代也成为首个且唯一获得最佳技术奖的中国企业。
2023 年 12 月 20 日	赛力斯集团与宁德时代签署全面深化战略合作协议。
2023 年 1 月 -12 月	宁德时代服务了超 170 万辆高端车型，在高端新能源车市场占有率已超 60%。
2024 年 1 月 26 日	滴滴与宁德时代在福建省宁德市宣布将成立换电合资公司。
2024 年 2 月	宁德时代旗下蕉城工厂、宁德工厂分别荣获"工业 4.0 中国奖"和"工业 4.0 全球奖"。

参考文献

1. 魏岚 . 曾毓群委员：推动国内锂资源保供稳价 [J]. 智能网联汽车，
2022（2）：36-37.

2. 濮振宇 . 宁德时代曾毓群：加快电池碳足迹研究 [N]. 经济观察报，
2022-03-14(019).

3. 俞立严 . 宁德时代定增调研阵容豪华 引曾毓群出马送上"定心
丸"[N]. 上海证券报，2022-02-18(008).

4. 王玄璇 . 曾毓群 专注创新，豪赌未来 [J]. 中国企业家，
2021(12):22-23.

5. 张静 . 宁德时代定增震撼 A 股 [J]. 汽车观察 ,2021(9):12-14.

6. 土玄璇 . 宁德时代如何成为资本"摇钱树"[J]. 中国企业家，
2021(7):53-57.

7. 人物 [J]. 中国经济周刊 ,2021(09):10.

8. 曾毓群 . 加快储能新型基础设施建设 [J]. 智能网联汽车，
2021(2):50-51.

9. 曾毓群 . 不要起个大早赶个晚集 [J]. 经营者（汽车商业评论），
2020(9):190-201.

10. 本刊记者 . 为了"中国制造"新名片 全国政协委员曾毓群建言
"新基建"[J]. 政协天地，2020(6):12-13.

11. 徐姝静 . 电池一哥封神记 [J]. 创新世界周刊，2020(3):66-

69+9.

12.沈伟民.宁德时代崛起密码 [J].经理人，2018(5):26-38.

13.波士财经.宁德时代创过会速度历史记录,创始人将成福建新首富？[J].福建轻纺，2018(4):23-24.

14.常远.独角兽背后的男人 [J].新能源经贸观察，2018(4):63-65.

15.周昌山，余春川.把新能源产业带回家乡——记省政协委员曾毓群博士 [J].政协天地，2015(7):30-31.

后 记

写这本书最大的困难在于，媒体上关于曾毓群的相关报道实在太少，很难汇总出曾毓群的整体形象。在解读完所能搜集到的相关资料，坚持写完后才发现，也许这就是曾毓群。

人都是在变化的，曾毓群也不是生来就是这个样子。最初的他，出身农门，接触的更多的是"知识改变命运"的思想，努力去读书，去改变自己的命运。后来上了大学进入了社会，骨子里那种"拼闯"的劲头冒了出来，想去看看众人口中所说的那个变化万端的地方，促使他逐渐离开了国企，南下东莞。

工作之初，他可能只是想做好眼前的工作，学到技术，同时也拿到高薪资。随着时间的积累、岗位的变迁，他渐渐有了管理的思维。但是这个时候，他应该还没有创业的想法。

成为ATL的创始人，是接受梁少康的邀约，此时的他更多的仍是立足于技术层面。后续涉足新能源行业，与张毓捷等人的指引鼓励也有一定关系。所以说，不是曾毓群没有闯劲和干劲，事实上，他骨子里有着福建人特有的"爱拼才会赢"的劲儿，喜欢以"老子跟他拼了"的精神干事儿。当然，他也敢赌，但是人生的关键节点，其他人推动痕迹也很明显。

这或许是个很矛盾的地方。实际上曾毓群本身就是一个矛盾的人，有了"老子跟他拼了"的不顾一切，却也认为"赌是脑力活儿"，讲究智力取胜，讲究稳扎稳打。或许胆大心细这个词，才能够形容他吧。

曾毓群多数时候是个很真诚的人，清楚地道出宁德时代的发展离不开政策红利，面对他人询问也会直接说出自己的想法。在这样领导人的带领下，宁德时代的发展也别具特色。

在拼劲的引领下，宁德时代强调效率，很多员工说不曾按时下班过，足见血汗工厂的色彩。在赌的引领下，宁德时代常常接到一些其他企业不愿意投入，甚至不愿意接的客户极为挑剔的订单，往往还能实现双赢。

当前，新能源事业仍然处于发展阶段，说最终成就为时尚早。或许对于曾毓群他们来说，自己也不过分追求外界的荣誉肯定。对于宁德时代的人来说，也许他从来不认为自己做了什么惊天动地的事，只是有幸乘到了政策的东风，遇到了利好时代，在平平静静地做好了每一次选择的基础上，实现了快速发展。

如此说来，宁德时代的发展似乎有些乏味了。但是真的是乏味吗？宁德时代真的是有了金手指，一路开挂地发展吗？我们不妨想一想，都知道我们所处的时代是公平的。那么如果时代是公平的，我们绝大多数人都从 2016 年走来，总有几个人的机会和曾毓群相似，总有几家企业和宁德时代是相同的，那么，为什么只有曾毓群一路开挂顺遂地成为了"宁王"？为什么曾毓群能规避退补政策后的利润下降泥石流？这又不仅仅是选择或运气等因素所能左右的了。

人世间的成功有千百种，比如逆势而上，比如强者恒强，曾毓群创造的是个人理想与发展的综合体。愿大家能从中汲取经验，完善自我修行，与君共勉！